見方 考え方 を育てる 中学公民 授業モデル

真島聖子 編著

明治図書

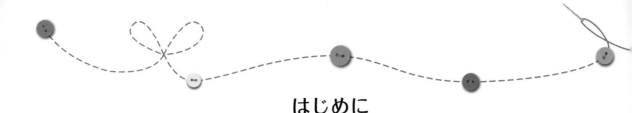

はじめに

　これからの新しい時代に求められる社会科授業とは，どのようなものでしょうか？　中学校では，いよいよ，2021年度から新学習指導要領が全面実施となります。これからの新しい時代について，みなさんはどのようにお考えでしょうか？　とりわけ，社会科を教える教師にとって，新しい時代をどのように捉えるのか，新しい社会をどのように描くのかという問いは，新しい時代に求められる社会科授業とは，どのような授業なのかという問いと密接にかかわってきます。

　平成29年版中学校学習指導要領解説社会編では，第1章総説の「改訂の経緯」の中で，これからの時代は，厳しい挑戦の時代，予測が困難な時代になることが言及されています。厳しい挑戦の時代，予測が困難な時代を生き抜くための社会科授業とは，いったいどのような授業なのでしょうか？　厳しい挑戦の時代には，誰もが勝者にはなり得ないため，繰り返し挑戦できる社会のしくみや厳しい挑戦に敗れてケアを必要とする人に温かく寄り添うコミュニティが必要となるでしょう。また，予測が困難な時代には，誰もがどのような状況に陥っても生活を維持することができるセーフティネットを社会に幾層にも張りめぐらして，不安な気持ちに耳を傾け，互いに支え合う社会をつくることが求められるでしょう。新しい時代に求められる社会科授業では，新しい時代をどのように捉え，新しい社会をどのように描くのかということを他者の意見に耳を傾けながら自分でよく考え，よりよい選択判断ができるようにすることが求められます。

　また，同じく「改訂の経緯」の中では，「人工知能（AI）」について次のような言及がなされています。「人工知能が自ら知識を概念的に理解し，思考し始めているとも言われ，雇用の在り方や学校において獲得する知識の意味にも大きな変化をもたらすのではないかとの予測も示されている。このことは同時に，人工知能がどれだけ進化し思考できるようになったとしても，その思考の目的を与えたり，目的のよさ・正しさ・美しさを判断したりできるのは人間の最も大きな強みであるということの再認識につながっている」。

　みなさんは，「人工知能（AI）」について，よくご存知でしょうか？　私は，「人工知能」という言葉は知っていましたが，それがどのようなしくみで成り立ち，どのようなことを意味するのかを理解していなかったため，この文章を読んでさまざまな疑問が浮かんできました。そもそも，「人工知能」とは何でしょうか？　「人工知能」が自ら知識を概念的に理解するとは，どういうことでしょうか？　「人工知能」は，どのようなしくみで，どのように自ら知識を概念的に理解しているのでしょうか？　「人口知能」が思考しはじめていると誰がいっているのでしょうか？　「人口知能」は，何について，どのように思考しはじめているのでしょうか？

　なぜ，雇用のあり方が変化するのでしょうか？　なぜ，学校において獲得する知識の意味が

変化するのでしょうか？「人口知能」がどれだけ進化し思考できるようになったとしてもという仮定は,「人工知能」の進化をどこまで射程に入れているのでしょうか？ なぜ,思考の目的を与えたり, 目的のよさ・正しさ・美しさを判断したりできるのは人間の最も大きな強みであるといえるのでしょうか？ 人間の最も大きな強みであるということを誰が再認識しているのでしょうか？ わからないことだらけです。

　そこで私は,「人工知能（AI）」とは何かわからなかったため, 新井紀子『AI VS.教科書が読めない子どもたち』(2018, 東洋経済新報社) を読んでみました。新井氏は, 2011年から人工知能プロジェクト「ロボットは東大に入れるか」のプロジェクトディレクターを務めています。この本の中で新井氏は,「遠い未来はともかく, 近未来に人工知能が誕生することはない」と述べています。現段階において, 人口知能が誕生していないのに, なぜ,「改訂の経緯」では,「人工知能が自ら知識を概念的に理解し, 思考し始めているとも言われている」と述べているのでしょうか？ それはおそらく, 画像処理技術などで行われているディープラーニングについて,「ディープラーニング＝人工知能」と解釈したからではないでしょうか？「改訂の経緯」では, 新井氏が指摘するように,「AI」と「AI技術」が混同して使われ, 実際には存在しない「AI」が存在しているかのように捉えている可能性があります。「改訂の経緯」では,「人工知能が自ら知識を概念的に理解し, 思考し始めているとも言われている」と述べていますが, 実際には, 数学の言葉である論理, 確率, 統計に置き換えられる範囲内でしかAI技術は機能しないのです。

　これまでの社会科教育では, AI技術が浸透した社会に対応した社会科教育のあり方について, 十分な議論がなされておらず, 研究や実践も不十分です。AI技術によって私たちの生活が変化し, 社会システムが変容していることを認識していても, これからの社会がどのように変容し, 仕事の種類や雇用形態がどのように変わり, 私たちはこのような変化にどう対応していったらよいのか, 具体的な対応策や方策を見出しているわけではありません。これまでの社会科教育では, 学習内容を理解するために教科書を読んだり, 自分の意見を形成し, 主張の根拠を示すために, 資料読解を重視してきました。これまで社会科教育で大切にしてきたことを継承しながらも, より一層, 社会的事象の意味を理解することに重点を置いた学習が求められています。そのためには, わからないことやつまずきを問いに転換し, 子ども自身が問いを立てる力を鍛える必要があります。自分のわからないことを他者に向かって「わからない」といえる勇気, 他者の問いかけに耳を傾けながら, 何がわからないのかを受け止め, どうしたらわかるようになるのか共に考え, 学級の仲間と共に問いを探求する協働性が社会科の授業の基盤となります。

　本書がこれからの新しい時代に求められる社会科授業の一助となれば幸甚です。

真島 聖子

contents

はじめに 002

第1章 中学公民「見方・考え方」を育てる授業デザイン

① 対話で深める社会科公民学習の基本 ……………………………………… 008
　──「見方・考え方」を育てる授業デザイン
② 高等学校新科目「公共」を意識した中学校公民的分野の授業構成 …… 014

第2章 「見方・考え方」を育てる中学公民授業モデル

Ⓐ 私たちと現代社会 ……………………………………………………………… 024
　(1) 単元名：少子高齢化 ………………………………………………………… 024
　　　高齢社会とどう向き合うのか
　　　──高齢者と共に創る社会のあり方とは？
　(2) 単元名：現代社会を捉える「見方・考え方」……………………………… 034
　　　現代社会を捉える枠組みを身につける公民学習
　　　──対立を解消するにはどうしたらいいのだろう

Ⓑ 私たちと経済 …………………………………………………………………… 044
　(1) 単元名：市場の働きと経済 ………………………………………………… 044
　　　経済の「見方・考え方」から社会を捉え直す公民学習
　　　──足りないものはどうやって分配するべき？
　(2) 単元名：国民の生活と政府の役割 ………………………………………… 054
　　　政府の経済的役割を考察，構想し，表現する学習
　　　──「豊かなくらし」の実現に向けた政府の役割とは何か

C 私たちと政治 ……………………………………………………………………………… 064
(1) 単元名：日本国憲法と私たち ……………………………………………………… 064
　　"平和"の意味を捉え直す公民学習
　　　──真の平和とはどのようなものだろうか
(2) 単元名：地方自治と政治参加 ……………………………………………………… 074
　　民主政治の担い手としての自覚を養う公民学習
　　　──地方自治を支えるのは誰？

D 私たちと国際社会の諸課題 ……………………………………………………… 084
(1) 単元名：共に生きる──世界平和と人類福祉の増大 ………………………… 084
　　協調や持続可能性に着目して，課題を追究する公民学習
　　　──外国人労働者の受け入れのあり方はどうあるべきか
(2) 単元名：よりよい社会を目指して──持続可能性 ……………………………… 094
　　未来をつくる新たな国のかたち
　　　──持続的な地方の活性化のあり方を考える

第3章　中学公民「見方・考え方」を育てる授業づくりと評価のポイント

❶ 行動経済学の知見を取り入れた中学校公民の授業づくり ……………………… 106

❷ 通常の学級での学習指導における「合理的配慮」の提供 ……………………… 112

❸ 「見方・考え方」をどう捉えるか …………………………………………………… 118
　　──評価の手法

おわりに　124

第1章

中学公民
「見方・考え方」を育てる
授業デザイン

1 対話で深める社会科公民学習の基本
―「見方・考え方」を育てる授業デザイン

1 子どもの内面にある見方・考え方をいかに引き出し，新たな問いの創出につなげるか

　中学生は，生まれてから12～15年間の生活の中でさまざまな経験を積んでおり，その中で培われた見方・考え方を備えています。小学校の授業で学んだ見方・考え方もあれば，本を読んで身につけた見方・考え方もあります。情報化がすすんだ現代においては，動画サイトやSNSなどの情報から身につけた見方・考え方もあるでしょう。子どもは，自分の生活経験や学習経験を基にして，その子なりの見方・考え方で社会的事象を捉えています。そこで，大切にしたいのは，子どもの内面にある見方・考え方をいかに引き出し，新たな問いの創出につなげるかです。先日筆者は，中学校2年生の社会科授業を見る機会に恵まれ，この大切さを再認識しました。

　単元は，「減少していく日本の水産資源」で，ウナギが絶滅危惧種に指定されていることを追究する授業でした。授業の中盤で教師は意図的に子どもAを指名しました。子どもAは，「このままだと絶滅してしまう。ウナギは絶滅危惧種の上から4番目に属している。毎日ウナギを食べる人はいない。土用の丑の日に食べるのをウナギが増えるまで我慢する。あるスーパーでは，ウナギではなく牛肉を使った料理を提供している」と発言しました。この発言の後，教師は，日本のウナギの月別消費量を示したグラフを配付し，平成29年に土用の丑の日が2回あり，ウナギの年間消費量の約50％が土用の丑の日に消費されていることを確認しました。その後，「私たちはウナギを食べるのをやめるべきだろうか」という問いについて子ども同士で対話が繰り広げられました。その中で子どもBは，「土用の丑の日だからこそ食べた方がいい。土用の丑の日があるからウナギに関心がある。その日に食べないとウナギに関わる人はもうけられない。ウナギに関わる人が少なくなる。土用の丑の日だからこそ食べた方がいい」と発言しました。その後，今日の授業の感想について，子どもCは，「私は意見交流をはじめる前は，食べない方がいいと思っていたけど，Bさんが『需要』という視点を出してくれて180度変わった」と発言しました。

　この授業のねらいは，日本人の食習慣がウナギを減少させているという視点で子どもが捉え直しを図ることでした。しかし，対話の中で，子どもBは「土用の丑の日だからこそ食べた方がいい」と発言して，土用の丑の日にウナギを食べる食習慣を見直すべきだとする意見とは異なる考えを提起しました。これに対し，子どもCは「Bさんが『需要』という視点を出してくれて180度変わった」と述べ，子どもBの発言から新たに「需要」という見方・考え方を導き

出しました。

　この授業では，自分の考えを問い直す立ち止まりの場面を設定して，仲間の考えと自分の考えを吟味することを大切にしています。この授業のよさは，子どもの内面にある見方・考え方を対話の場において率直に出し合うことが奨励されており，他の子どもの見方・考え方を新たな視点としてして受け止め，捉え直すことを教師の指示ではなく，子ども自身が自分で考えて行っているところです。教師は，このような子どものやり取りを否定することなく，子どもと共に受け止めて，次時の学習につなげています。

　子どもが自分の内面にある見方・考え方を率直に出し合い，対話をする授業では，教師も子どもも共に学び合う探求者の立場に立っています。社会科という教科は，唯一絶対の答えがあるわけでも，それを教えられるわけでもありません。教師の意図を飛び越えて，子どもが自分の内面にある見方・考え方を働かせて，自分の意見を述べることで，そこから新たな気づきが生まれ，他の子どもの考えが揺さぶられ，それぞれ子どもの内面にある「正しさ」が再び問われるのです。そこから，さらなる個人追究が展開され，ウナギを養殖する人，ウナギの料理を提供する人，ウナギの生態について研究する人，ウナギを販売する人，ウナギを消費する人など，ウナギに関わるさまざまな人々に取材に行き，自らの疑問や問いについて調査し，考えを深めていくのです。

　子どもの内面にある見方・考え方を教師も他の子どもも尊重し，受け止め合ったからこそ，子どもの考えを揺さぶる授業展開となり，「本当にそうなのか」「どうしてそのようにいえるのだろうか」「さらに調べてみないとわからないな」というような新たな問いを生み出すことができるのです。この新たな問いの創出こそ，次時の情報収集や個別取材，調査活動につながる個人追究の原動力となります。

2 なぜ，見方・考え方を働かせることが重視されるのか

　上記では，子どもの内面にある見方・考え方を授業で発揮させて，意見交流の場においてお互いの意見を尊重しながら，出された意見の矛盾点を明らかにしていく授業の有効性について述べました。冒頭で「大切にしたいのは，子どもの内面にある見方・考え方をいかに引き出し，新たな問いの創出につなげるかです」と述べたのは，平成29年の改訂において，見方・考え方を働かせることが今まで以上に重視されるようになったことに若干の不安を感じたからです。教える側が意図する見方・考え方を重視しすぎると，子どもの内面にある見方・考え方をうまく引き出せなかったり，はじめからないものとして授業をすすめてしまったり，子どもの内面にある見方・考え方を否定してしまったりする恐れがあります。見方・考え方を働かせることが重要だとなれば，「子どもが見方・考え方を働かせられるように，授業で教えなければ！」というプレッシャーを教師は感じてしまうかもしれません。そうなると教師は，子どもの内面

にある見方・考え方を生かしながら授業を展開することよりも，見方・考え方を教えることに授業の重点を置くようになる恐れがあります。

　そもそも，なぜ，見方・考え方を働かせることが重視されるようになったのでしょうか？平成20年改訂の中学校学習指導要領社会編においても「社会的な見方や考え方」について示されていました。しかし，今回の改訂に先立ち，中央教育審議会において「その全体像が不明確であり，それを養うための具体策が定着するには至っていない」という課題が指摘されたことがその理由の一つとしてあげられます（平成29年版中学校学習指導要領解説社会編）。

　平成20年改訂時に中学校学習指導要領解説社会編の中で，公民的分野の目標に示された「現代社会についての見方や考え方の基礎を養う」ことについて，「『現代社会についての見方や考え方の基礎』については，現代の民主政治や国民の生活の向上と経済活動，社会生活などをより一層理解できるようにすることをねらいとして新たに設けられたところである。ここでいう『見方や考え方』とは，現代の社会的事象を読み解くときの概念的枠組みと考えることができる。人は一般にある情報を手にしたとき，何らかの枠組みに即しながら考察し，その情報がもつ意味や価値を捉えようとする。例えば，マス・メディアを通じて経済や政治などに関わる情報を得ると，自分のもっている枠組みに即して解釈し，社会生活に与える影響及び意義を自ら見いだそうとする。こうした概念的枠組みを『見方や考え方』としているのである」と示していました（平成29年版中学校学習指導要領解説社会編）。

　ここでの，「現代の社会的事象を読み解くときの概念的枠組み」と「自分のもっている枠組み」とは，同じなのでしょうか，違うのでしょうか。同じようでもあるし，違うようでもあります。「その全体像が不明確であり，それを養うための具体策が定着するには至っていない」という上記の指摘は，あながち外れていないように思えます。

　もう一つの理由として考えられるのは，平成29年の改訂の基本方針として，「主体的・対話的で深い学び」の実現に向けた授業改善の推進が打ち出され，その中でも，深い学びの鍵として「見方・考え方」を働かせることが重要になると示されたことです（平成29年版中学校学習指導要領解説社会編）。「オ　①深い学びの鍵として「見方・考え方」を働かせることが重要になること。各教科等の『見方・考え方』は，『どのような視点で物事を捉え，どのような考え方で思考していくのか』という②その教科等ならではの物事を捉える視点や考え方である。③各教科等を学ぶ本質的な意義の中核をなすものであり，④教科等の学習と社会をつなぐものであることから，⑤児童生徒が学習や人生において『見方・考え方』を自在に働かせることができるようにすることにこそ，教師の専門性が発揮されることが求められること（下線及び番号は筆者による）」

　平成29年版中学校学習指導要領解説社会編では，第１章総説において改訂の基本方針が示されています。その中で，「主体的・対話的で深い学び」の実現に向けた授業改善を進める上で留意して取り組むことの中で，上記の「見方・考え方」に関する記述が見られます。「見方・

考え方」とは何かを規定しているのは，下線①～④です。整理すると次のようになります。
　① 「見方・考え方」は，深い学びの鍵として働かせることが重要である。
　② 「見方・考え方」は，その教科等ならではの物事を捉える視点や考え方である。
　③ 「見方・考え方」は，各教科等を学ぶ本質的な意義の中核をなすものである。
　④ 「見方・考え方」は，教科等の学習と社会をつなぐものである。

　以上のことから「なぜ，見方・考え方を働かせることが重視されるのか」という問いに立ち戻って考えると，「見方・考え方」とは，教科等の特性をふまえた物事を捉える視点や考え方のことであり，それは，各教科等を学ぶ本質的な意義の中核をなすものであることから，教科等の学習と社会をつなぐ性質を兼ね備えており，「見方・考え方」を働かせることで深い学びに通じる鍵の役目を果たしているからだと答えることができます。下線⑤で示されているように，ここでの教師の役割は，教師の専門性を発揮することです。教師に求められていることは，子どもが学習や人生において「見方・考え方」を自在に働かせることができるようにすることです。つまりこれは，教師に対する大きな期待であると同時に相当なプレッシャーでもあります。見方・考え方を働かせることが重視されるのと同じくらい，教師の専門性を発揮することも重視されているのです。

3　なぜ，概念や理論について学ばなければならないのか

　平成29年版の中学校学習指導要領解説社会編では，「現代社会の見方・考え方」について，「①現代社会の諸課題の解決に向けて考察，構想したりする際の視点として概念や理論などに着目して捉えること，②課題解決に向けた選択・判断に必要となる概念や理論などと関連付けて考えたりすることなど，現代社会の見方・考え方を概念に着目して構成したことから，これまで以上に概念的な枠組みとしての性格が明確になったといえる」と整理しています。

　このように，「現代社会の見方・考え方」の「見方」は，概念や理論などに着目して捉えること，「考え方」は，概念や理論などと関連付けて考えたりすることと定義しており，どちらも「概念や理論」を重視していることがわかります。また，これまで以上に概念的な枠組みとしての性格が明確になったこともわかります。しかし，ここで新たな問いが生まれます。なぜ，現代社会の見方・考え方を概念に着目して構成したのでしょうか？　中学校社会科公民的分野の授業で扱う概念や理論とは，いったいどのようなものなのでしょうか？

　「社会的な見方・考え方」として，小学校社会科で示された「位置や空間的な広がり，時期や時間の経過，事象や人々の相互関係」などは，どのように問いを立てて視点に着目させるか，具体的にイメージがしやすく，わかりやすいです。また，中学校社会科地理的分野で示された「位置や空間的な広がり」や歴史的分野で示された「推移や変化」などは，小学校社会科で培った「社会的な見方・考え方」を発展させる方向で学習を積み上げていけばいいので見通しが

立てやすいです。一方，現代社会の見方・考え方の基礎となる概念的な枠組みについては，公民的分野の学習全体を通して働かせることが求められる「対立と合意」「効率と公正」に加え，それぞれの内容を構成する経済，政治，国際社会に関わる概念として「分業と交換」「希少性」，「個人の尊重と法の支配」「民主主義」，「協調」「持続可能性」などが示されています。中学校社会科公民的分野では，なぜ，このような概念的な枠組みに着目したり，概念などを関連づけて働かせたりしなければならないのでしょうか？

　この問いに対する答えの一つとして，2014年度にノーベル経済学賞を受賞したフランスの経済学者ジャン・ティロールに注目してみます。ジャン・ティロールは，『良き社会のための経済学』(2018，日本経済新聞出版社)の中で，「直観の罠」に対する注意を呼び掛けています。私たちが何かを判断するときの最初に思い浮かぶ答えが「直観」であり，それは次の5つの特徴①手近な経験だけによる，②思い込みにとらわれる，③論理的思考は浅いところで終わる，④希望的観測にとらわれる，⑤感情に流される，を持っているとしています。ジャン・ティロールは，この「直観の罠」に陥ることを阻むものとして「経済学」を取り上げ，経済学の果たす役割として，①もっと深く考えることを要求すること，②世界をくっきりと見せてくれること，③見かけの奥にあるものに気づかせてくれるレンズであることをあげています。

　それでは，この「経済学」を「見方・考え方」や「概念や理論」に置き換えて考えてみてはどうでしょうか？　上記で確認した通り，「見方・考え方」は，教科等の特性をふまえた物事を捉える視点や考え方のことであり，それは，各教科等を学ぶ本質的な意義の中核をなすものであることから，教科等の学習と社会をつなぐ性質を兼ね備えており，「見方・考え方」を働かせることで深い学びに通じる鍵の役目を果たしています。さらにいえば，「現代社会の見方・考え方」の「見方」は，概念や理論などに着目して捉えること，「考え方」は，概念や理論などと関連づけて考えたりすることです。つまり，「概念や理論」は，①もっと深く考えることを要求し，②世界をくっきりと見せてくれ，③見かけの奥にあるものに気づかせてくれるレンズの役割を果たすことで，私たちが陥りやすい「直観の罠」から逃れる術となります。しかし，ここで注意が必要なのは，「概念や理論」は，「経済学」と同様に，「直観の罠」から逃れる術となるものの，何もしなくても自然と身につくものではなく，本能のように生まれつき備わっているものでもありません。自ら学んで獲得しなければならないものです。そうであるからこそ，学校教育で学ぶ意味があります。もともと生まれながらに備わっていたら，わざわざ，学校の授業で学ぶ必要はありません。自ら学んで獲得しなければ，身につかないものであるからこそ，社会科の授業で学ぶのです。ジャン・ティロールが指摘するように，「私たちはひどくだまされやすい」という前提に立ち，「直観の罠」に陥りやすいことを自覚した上で，「概念や理論」を学ぶことで，見かけの奥にあるものに気づかせてくれるレンズを手に入れ，もっと深く考え，世界をくっきり見ることができるようにしなければならないのです。

4 どのように「現代社会の見方・考え方」を働かせながら授業を展開すればいいのか

　ここまで読みすすめてきた読者からすると，それでは実際に，中学校社会科公民的分野では，どのように「現代社会の見方・考え方」を働かせながら授業を展開すればいいのか？　という問いが生まれるでしょう。本書では，第2章において，実際の中学校での授業実践を基にしながら，その具体例を示しました。新しい学習指導要領は示されたものの，主たる教材である教科書はまだ刊行されていない段階での提案となります。本書で大事にしたのは，「問い」です。まえがきでも記したように，これからの社会科教育では，より一層，社会的事象の意味を読み解くことに重点を置いた学習が求められています。そのためには，わからないことやつまずきを問いに転換し，子ども自身が問いを立てる力を鍛える必要があります。各単元の授業では，問いを重視し，問いをつなぎながら授業が展開されるようにしました。この授業を通して，子ども同士の学び合いの中で，子ども自身が問いを創出し，さらに問いをつなぎ，子ども自身が学習を推進することをねらいにおいています。筆者は，「問い」を立てることに正解・不正解はないという立場をとっています。どのような問いであっても，その問いは世界に開かれており，他者からの問いによって問い直されたり，新たな問いとして生まれ変わったりするものだと考えています。ぜひ，教師にも，子どもと同じ学びの探求者として，問いを立てることの楽しさやおもしろさ，問いに挑むことのワクワク感，問いを探求することの知的興奮を味わっていただきたいです。

(真島　聖子)

2 高等学校新科目「公共」を意識した中学校公民的分野の授業構成

1 高等学校新科目「公共」とはどのような科目か。その特徴は？

　高等学校の公民科に，新たに必修科目として「公共」が設置されました。「公共」の設置は，今回の指導要領改訂の目玉の一つでもあります。平成30年版高等学校学習指導要領解説公民編では「我が国が厳しい挑戦の時代を迎える中で，これからの社会を創り出していく子どもたちが，社会や世界に向き合い，関わり合い，拓いていくために必要な資質・能力を効果的に育むための中核を担う科目」と表現されています。「公共」は，選挙権年齢及び成年年齢の18歳への引き下げをふまえて主権者教育としても位置づけられ，子どもが18歳になる前の高等学校1，2学年で履修することが定められています。いわば主権者に求められる「平和で民主的な国家・社会の形成者として必要な公民的資質」が，ひとまず「公共」によって獲得できることが想定されているといえるでしょう。

　そのための「自立した主体として社会に参画するために必要な資質・能力を育成する内容構成」は次のように示されています（それぞれ枠内は平成30年版高等学校学習指導要領解説より）。

> 　まず，大項目の「A　公共の扉」において，大項目B及びCで活用する，社会に参画する際に選択・判断するための手掛かりとなる概念や理論及び公共的な空間における基本的原理を理解する

　内容はABCの3つの大項目からなりますが，3つの大項目は順序性を持って示され，最初の「A　公共の扉」の大項目では，「行為の結果である個人や社会全体の幸福を重視する考え方」や「行為の動機となる公正などの義務を重視する考え方」といった，選択・判断の手掛かりとなる概念や理論，及び，個人の尊重や民主主義，法の支配といった公共空間における基本的原理を習得するものとされています。

> 　次に，大項目の「B　自立した主体としてよりよい社会の形成に参画する私たち」において，大項目の「A　公共の扉」で身に付けた選択・判断するための手掛かりとなる概念や理論及び公共的な空間における基本的原理などを活用して，法や規範の意義及び役割，政治参加と公正な世論の形成，職業選択などについて，他者と協働して主題を追究したり

> 解決したりする学習により，法，政治及び経済などに関わるシステムの下で活動するために必要な資質・能力を育成する

大項目Bでは，「A　公共の扉」の学習で身につけた概念や理論などを用いて現実社会の諸課題から設定された「主題」や「問い」について追究したり探究したりする学習を展開することとされ，政治，法，経済，国際社会などに関わる以下の13項目が示されています。

> 法や規範の意義及び役割／多様な契約及び消費者の権利と責任／司法参加の意義／政治参加と公正な世論の形成，地方自治／国家主権，領土（領海，領空を含む。）／我が国の安全保障と防衛／国際貢献を含む国際社会における我が国の役割／職業選択／雇用と労働問題／財政及び租税の役割，少子高齢社会における社会保障の充実・安定化／市場経済の機能と限界／金融の働き／経済のグローバル化と相互依存関係の深まり（国際社会における貧困や格差の問題を含む。）

そして大項目A，Bの学習をふまえたまとめの単元として大項目Cが設定されています。

> 最後に，大項目の「C　持続可能な社会づくりの主体となる私たち」において，「公共」のまとめとして，「A　公共の扉」及び「B　自立した主体としてよりよい社会の形成に参画する私たち」の学習を踏まえて，持続可能な地域，国家・社会，国際社会づくりに向けて，「社会的な見方・考え方」を総合的に働かせ，自ら課題を見いだし，現実社会の諸課題を探究する活動を通して，協働して考察，構想し，妥当性や効果，実現可能性などを指標にして論拠を基に自分の考えを説明，論述できるようにする

また，これまで設置されていた科目「現代社会」との関係について述べる中で，

> 新科目「公共」においては，この財産を継承し，更に「社会に開かれた教育課程」の理念の下，学習のねらいを明確にした上で，関係する専門家や関係諸機関などとの連携・協働を積極的に図り，社会との関わりを意識した主題を追究したり解決したりする活動の充実を図りながら，自立した主体として社会に参画するために必要な資質・能力を育成することとなる

と，これまで以上に外部の専門家や関係諸機関との連携を積極的に行い，そのことを通じて主権者として社会に参画する力の育成を目指すことが示されています。

2 「公共」を学習する前段階の中学校公民的分野では，何をどこまで学習しておくべきか

　こうして「公共」の内容構成を見てみると，中学校社会科公民的分野との共通点に気づきます。公民的分野は，対立と合意，効率と公正などの現代社会を捉える概念的な枠組みを用いて，社会的事象を捉え考察させるという構成になっていますが，「公共」でも，大項目「A　公共の扉」で身につけた選択・判断の手掛かりや公共的な空間における基本的原理を用いて現実社会の諸課題に関わり設定した主題について協働的に学習することとされています。概念的な枠組みを用いて社会的な事象について考察する力の育成は公民的分野，「公共」に共通して求められているといえるでしょう。ただし，「公共」の内容Bにおいて，「小学校及び中学校で習得した知識などを基盤に」と表現されていることには留意したいです。「公共」では個別の知識を新たに獲得することは授業の主たる目標ではなく，現実社会の諸課題について，中学校までに学んだ知識と内容Aで獲得した力などを用いて考察，構想する力の育成が目指されているということです。

　今回の学習指導要領では，小・中・高等学校の一貫性が強調されていることが特徴の一つとなっています。中学校で学習したことを高校で「使える」ことが想定されています。これまで，中学校の授業では高校入試を，高校の授業では大学入試をゴールに想定し，そこをクリアできる力をイメージして指導が行われることも多かったのではないでしょうか。しかし今回の学習指導要領では，中学校の授業では「高校の授業で，学んだことを使いこなす」ことを，高校の授業では「主権者として，学んだことを使いこなしている」ことをゴールとしてイメージすることを求めているのです。「公共」で，主権者として課題に取り組むために使いこなす知識は，中学校までにしっかり身についていることが想定されているわけです。しかも，その知識は単に暗記していればいいということではないことにも注意が必要です。

　「公共」の学習指導要領が公表された際，一部には「憲法学習の単元が消えたのではないか」との声があがりました。確かに「公共」で，憲法の条文そのものについて中学校の公民的分野と同じ学習は繰り返されません。しかし「公共」では中学校で学習した憲法についての知識を用いて現実社会の諸課題について考察させるなど，むしろ憲法についてはより本質的な理解をさせ，活用できるようにさせることを目指した内容になっています。そう考えると，中学校公民的分野の授業がどう変わっていかなくてはならないかが見えてくるでしょう。例えば憲法について学習する際，条文を暗記して穴埋めに答えられることをゴールにしてしまっていないでしょうか。もちろん，まずは日本国憲法にどのような内容が含まれているかといった基礎的な知識を確実なものにすることが求められているのですが，それだけに留まらず，憲法を現実社会の諸課題に関わる議論の中で適用することが可能な，生きて働く知識として身につけさせることや，課題解決の場面で「使える」知識にさせることが求められているのです。

3 「公共」と中学校公民的分野をつなぐポイントは何か

　「公共」を見通した中学校公民的分野の授業にするための鍵は，知識の背後にある専門性です。中学校の授業で身につけさせている知識は，専門的な研究によって明らかにされた成果の一部です。しかし中学校での授業づくりではどうしても「中学で理解させておくべき知識」だけに注目してしまいがちです。「公共」に限らず高校での学習で知識が高度化するということは知識の量が増えるだけではなく，その知識の背景にある理論などの理解を必要とする「知識」や「概念」が増えていくことを意味しています。高校での学習で活用することをふまえるなら，中学校の授業で扱う場合にも背景となる理論などをふまえた理解のさせ方を意識していく必要があるでしょう。

　そのことがわかる例として学習指導要領の国家主権や領土に関する記述の中学校公民的分野と高等学校「公共」との違いに注目してみましょう。

　平成29年版中学校学習指導要領解説社会編では，領土などについて考える場合の背景となる国際社会のありようについて，

> 　対外的に独立を守る権利（主権）をもつ国家は，国際社会において，原則的に平等の地位を与えられており，全ての国家の主権が相互に尊重されなければならないことを理解できるようにすること

と表現されています。では，「国家が平等の地位を与えられている」とはどういうことでしょうか。この後の国旗・国歌に関わる部分では「国家間において相互に主権を尊重し協力し合っていく上でそれらを相互に尊重することが大切である」とあり，国内における個人間の平等や協力関係と同じであるようにも読めてしまうかもしれません。

　しかしこの部分が平成30年版高等学校学習指導要領解説公民編「公共」では，

> 　国内政治とは異なる特質がある国際政治に関して，相互に対等なものとして尊重される主権国家の行動を規律し国際間の秩序をつくり出す国際法の意義と役割について理解できるようにする。また，国際法については統一的な立法機関がなく，国際司法裁判所の裁判も当事国の合意をもって始められるなど，強制力が十分には機能しないこと

と表現されています。国際社会では，主権国家同士は平等であるという原則があるが上位の権力が存在せず，ルールをつくったとしても守らせるための強制力が存在しないという，いわゆる「主権国家体制」の特性とそれに伴う難しさを理解させることを求めているのです。

　個人個人は平等ですが，対立の激化などによって公正が低下することを防ぐためにルールを

つくり，ルールを守らせるための力を持った存在として国家が存在しています。にもかかわらず国家は本来の目的を逸脱してしまいがちであるために，前もって国家を縛るためのルールとして憲法を定めているというのが国内の社会における立憲主義の考え方でした。

しかし国際社会にはそもそも国家にルールを守らせるような国家に対する国家（超国家？）のようなものは存在していません。ただ平等な国家が並列的に存在しているのです。このような状態はいわばホッブスやロックなどが社会契約説の前提として想定した自然状態に近いともいえます。「国内法」と「国際法」（条約を含む）はその性格や持っている力が大きく違うのです。

「国際関係論」などの専門領域では，領土問題の解決や国際紛争の解決が難しい背景にはこのような国際社会に固有の構造があると考えます。そして「公共」ではそのような「主権国家体制」という概念を活用して，国家主権や領土について議論したり考察したりすることが求められているのです。中学校公民的分野で「国際政治は国際協調の観点に基づいて国家間の対立の克服が試みられていること」について考えさせる際にも，国際社会の諸問題を国内の個人間の問題に置き換えて考察させるのではなく，このような国際社会の見方や考え方を踏まえた学習にすることが必要になるでしょう。

次に，中学校の段階ですでに専門知に基づく知識の獲得が求められている例として，経済分野について見てみましょう。

市場経済の基本的な考え方について，平成29年版中学校学習指導要領社会編では，

> 市場経済の基本的な考え方について理解すること。その際，市場における価格の決まり方や資源の配分について理解すること

と記述されています。これに対し平成30年版高等学校学習指導要領「公共」では，

> 公正かつ自由な経済活動を行うことを通して資源の効率的な配分が図られること，市場経済システムを機能させたり国民福祉の向上に寄与したりする役割を政府などが担っていること及びより活発な経済活動と個人の尊重とを共に成り立たせることが必要であることについて理解すること

という記述になっています。「資源の配分」という表現が「資源の効率的な配分」という表現に変わっているものの，市場経済の機能についての表現は大きく変わっていません。さらに平成29年版中学校学習指導要領解説社会編を見ると，

> 　一般に，人間の欲求は多様で無限に近いものであるのに対し，財やサービスを生み出すための資源は有限であり，生み出される財やサービスもまた有限である。つまり，地球上に存在するほぼ全てのものは「希少性」があるといえるのである。そこで，所得，時間，土地，情報など限られた条件の下において，価格を考慮しつつ選択を行うという経済活動がなされるのである。
>
> 　したがってここでは，市場経済において個々人や企業は価格を考慮しつつ，何をどれだけ生産・消費するか選択すること，また，価格には，何をどれだけ生産・消費するかに関わって，人的・物的資源を効率よく配分する働きがあることなど，市場経済の基本的な考え方を，具体的事例を取り上げて理解できるようにすること

と表現されています。「希少性」という概念や，希少性のある財やサービスをどう効率的（社会全体として無駄なく）に配分するかということは，現代の経済学における議論のスタートになる考え方です。平成20年版中学校学習指導要領解説社会編でも，有限な財やサービスを効率よく配分する働きについての記述はありましたが，今回「希少性」という概念が「経済に関する様々な事象や課題を捉え，考察，構想する際の概念的な枠組み」として明示されたことには，専門知に基づく市場経済の考え方は中学校の段階で身につけさせることが意図されていると考えるべきでしょう。需要と供給の関係によって均衡価格が決まるという個別的な知識に留まることなく，そうして価格が決まることによって希少な資源がより無駄のないように配分されていくという市場経済の考え方を中学校段階でしっかり身につけさせることが求められているのです。そして「公共」ではそのような中学校での理解を基盤に，しばしば機能不全を起こす市場経済システムをうまく機能させるための役割を「政府などが担っていること」という視点から「より活発な経済活動と個人の尊重とを共に成り立たせる」ためにはどうすればよいかといった課題について「多面的・多角的に考察，構想し，表現する」ことになるのです。

　同様に，公民的分野で今回新たに示された概念的な枠組みに「分業と交換」があります。「分業と交換」の意義に関わって，経済学では比較優位の原理が知られています。比較優位とは，限られた時間を有効に使って，お互いに自分の中で相対的に得意（比較優位）な仕事を分業し成果を交換し合うことで，お互いに分業しないときより多くのものを手にすることができるという原理のことです。どちらの仕事も自分より時間がかかる（生産性が低い）人が相手であっても分業と交換によって生産性の高い人も得るものが多くなります。つまりこの原理からは，作業が遅い人を排除する社会より誰もが協力（分業）する社会の方が豊かになるということがわかります。「家計と企業，企業間など」における分業に留まらず，職業の「個人の個性を生かすとともに，個人と社会とを結び付け，社会的分業の一部を担う」という意義についても専門知を踏まえた理解をさせることが期待されます。

その他，前述した憲法についても条文だけではなく法の支配や立憲主義の考え方について中学校で学習することとされているなど，中学校公民的分野では，「公共」での活用を想定した専門知に基づく理解をさせることや，「公共」での専門知に基づく深化を想定した知識の獲得をさせることが求められています。身につけさせたい知識の背景にある専門性，専門知をふまえた授業づくりをすることが，「公共」と中学校公民的分野をつなぐポイントになるといえるでしょう。

4 これまでの中学校公民的分野の授業のどこをどのように改善するといいのか

これまでの内容をふまえ，「公共」のねらいを参照しながら「公共」との接続を意識した中学校公民的分野の授業改善のステップを考えてみましょう（以下，枠内は平成30年版高等学校学習指導要領解説公民編より引用）。

ステップ1　知識の質を見直そう（教師のための教材研究）

・「公共」の「知識及び技能」に関わるねらい

> 　現代の諸課題を捉え考察し，選択・判断するための手掛かりとなる概念や理論について理解するについては，単に知識を身につけることではなく，基礎的・基本的な知識を確実に習得しながら，既得の知識と関連付けたり組み合わせたりしていくことにより，学習内容の深い理解と，個別の知識の定着を図るとともに，社会における様々な場面で活用できる，現代の諸課題を捉え考察し，選択・判断するための手掛かりとなる概念や理論を獲得していくことを示している

「身につけさせたい知識」というと，教師はどうしても高校入試などのゴールを想定して「これとこれは覚えさせなければ」といった感覚で捉えてしまいがちです。前章でも述べたとおり，中学校で身につけた知識が高校でより専門的な理解に基づく議論の中で活用できるようにすることをゴールと考えるなら，まず教師自身が教材研究の中で，身につけさせたい知識の背景にどのような見方・考え方があるのかと考え，専門知にアクセスして深い理解を身につけたいです。そうすることで自ずから授業での説明や取り扱いも変わってくるでしょう。その際，まずは高等学校「公共」「倫理」「政治・経済」などの学習指導要領を参照してどのように活用することが想定されているのかを把握します。さらに教材研究を進める場合は，各分野・領域の大学1年生向けの教科書が，専門性に基づく概念が整理されており中学校で扱う知識の背景

の理解を深めるにはおすすめです。

ステップ2　教材を探そう（子どものための教材研究）

　教師のための教材研究をしていると，自分の感じた「なるほど」感を伝えたくなり，今度は「あれもこれも教えたい！」となりがちです。しかしそこで難しい知識を詰め込んだのでは授業改善になりません。子どものための教材研究をするためには，子どもに知識を獲得させながら，背景にある社会的な見方・考え方に到達できるような「身近な問題に関わる課題」を見つけたいです。まず授業の中で最も大切なポイントとなる知識や概念を絞り込み，そこにつながっていく教材を探す必要があります。グラフや写真，記事などのさまざまな資料がイコール「教材」ではありません。その事象について考察をすることで，背景にある社会的な見方・考え方，概念的な知識に到達できるものが「教材」です。そのような「教材」を見つけることさえできれば授業は成立するともいえます。「使える教材」を見逃さないよう日常生活の中でもアンテナを張っておきましょう。加えて，子どもにとって切実性を感じさせる問題であること，論争的であることなども授業を成功させるための鍵になるでしょう。

ステップ3　討論場面をつくろう

・「公共」の「思考力，判断力，表現力等」に関わるねらい

> 　「公共」において養われる思考力，判断力，表現力等については，「公共」の学習を始めるまでに鍛えられた社会的事象の地理的な見方・考え方，社会的事象の歴史的な見方・考え方，及び現代社会の見方・考え方などを生かしつつ人間と社会の在り方についての見方・考え方を働かせ，国家及び社会の形成者として必要な選択・判断の手掛かりとなる考え方や公共的な空間における基本的原理を活用して，事実を基に身に付けた選択・判断の手掛かりとなる考え方を根拠に多面的・多角的に考察し公正に判断する力や，合意形成や社会参画を視野に入れながら構想したことを議論する力である

　他の知識や背景となる社会的な見方・考え方とつながっていない知識は，いざ課題を追求したり議論をしたりする場面になっても使えないものです。他者と協働して課題を解決していく議論の場面などを通して知識を獲得し，またその知識を活用していくという活動を通して身につけさせていく必要があります。知識か活動かといった二項対立的な捉え方をするのではなく，議論（活動）を通じた知識の獲得や，知識を活用した議論（活動）の深まりを目指したいです。また，討論の場面での子どもは，予算の出所だけにこだわるなど，議論の具体的な一部分に注

意を引きつけられがちです。「現代社会を捉える概念的な枠組みを用いて，社会的事象を捉え考察させる」ようはたらきかけることは議論の質を高める上でも大切です。

議論の場面では，先ずグループ分けをして異なる役割や知識を与えておき，後でミックスしたグループで知識の共有をはかったり議論を深めたりする方法や，先ず同じ意見の子どもでグループをつくり自分たちの意見を整理させた後で異なる意見のメンバーからなるグループでの議論を行わせたりする方法など，議論を深め活性化するためのさまざまな工夫も取り入れたいです。

ステップ４　授業の外に飛びだそう

・「公共」の「学びに向かう力，人間性等」に関わるねらい

> 公共的な空間に生き国民主権を担う公民として，国家及び社会の有為な形成者として我が国が直面する課題の解決に向けて主体的に社会に関わろうとする態度を育む

主権者としての自覚を高めるためには，授業の外に飛び出していくことが効果的です。外部の専門家や関係諸機関との連携だけではなく，先ずは学校内での生徒会活動や，学年としての活動との連携，他教科との連携などをすることも有効です。学習したことが生きてはたらく場面を設けることが，自立した主体として社会に参画するために必要な資質・能力を育成することにつながるのです。

(阿部　哲久)

「見方・考え方」を育てる中学公民授業モデル

A 私たちと現代社会

(1) 単元名：少子高齢化（計4時間）

高齢社会とどう向き合うのか
——高齢者と共に創る社会のあり方とは？

1 単元目標

① 【知識及び技能】

　高齢者と共に創る社会のあり方について考える中で，高齢社会のさまざまな問題に気づき，関わる資料や取材で得た知識を活用することができる。また，どのようにしてよりよい高齢社会を創っていくのかを考え，まとめることができる。

② 【思考力，判断力，表現力等】

　取材や対話をとおして，高齢者と共に創る社会のあり方について多面的・多角的に考えることができる。

③ 【学びに向かう力，人間性等】

　高齢者と共に創る社会のあり方について，自分の視点を持って追究することをとおして，真の共生社会のあり方を考えようとする態度を養う。

2 めざす子ども像～こんな姿に～

　現代社会の課題の一つである高齢化について，社会の変化に着目して追究することをとおして，高齢者と若い世代が共に支え合うことの大切さを実感し，共生社会のあり方について考えはじめる子どもに。

3 単元構想

(1) 単元について

　本単元で子どもは，高齢社会にどのように向き合うのかを考えます。高齢化問題はすでに過疎地域に留まらず，人口の多い市町村でも問題が起きています。そして，より一層高齢者が増え，国民がどのように社会生活を営んでいくかが早急の課題となっています。高齢者の自殺者が増えたり，老老介護から重大事件に発生したりと高齢者に関わる問題は増えています。一方で，高齢者の定年退職が延び，高齢者が活躍している場面も見られます。若い世代にとっても高齢者にとってもよい社会のあり方があるのではないかと考えた子どもは，高齢者と共に創る社会のあり方を探しはじめます。そして，真の共生社会のあり方を考え続けていきます。

(2) 子どもの思いと教師のてだて

　教師は，「老老介護」による重大事件や高齢者が自殺する件数が増えていることを紹介します。「老老介護」によって重大事件が起きていることや高齢者の自殺が増えていることを知った子どもは，高齢者の介護の実態や現代の家族形態について興味を持ちます。子どもは，介護にかかる費用が莫大であることや，介護保険の認定基準の厳しさ，核家族中心の家族形態についての事実を知り，子どもが親を介護するのは容易ではないことや高齢者を介護施設に単純に預けるのは難しいことを実感します。また，元気な高齢者でも，高齢者だけでのくらしには多くの問題があることも実感します。そこで，教師は，今後，若い世代と高齢者の人数がどのように推移していくかを示す資料を提示します。子どもは，高齢化がさらにすすんでいくことや少子化の影響も大きいことに気づき，高齢者を若い世代が支えていくことは困難なことであると実感します。そして，高齢者を活かしていく社会のあり方があるのではないか，という問題を見出し，追究をはじめます。

　そこで教師は，介護施設や高齢者が集う場所で高齢者の思いを聞き取れるような場と時間を確保します。同時に，市役所の福祉課や高齢者向けのビジネスを行っている企業でも聞き取りができるようにします。子どもは，高齢者の労働力や経済力の大きさに気づき，若い世代も高齢者の力を活かそうとしていることに気づきます。また，高齢者自身ができるだけ長く社会で活躍したいという思いを持っていることにもふれます。しかし，企業側から見ると，高齢者は労働力と賃金のバランスが悪く，雇用しづらく，現実的には高齢者を活かすことは難しい面があることに気づきます。そして子どもは，高齢者を社会の中で活かしていくという見方だけでなく，若い世代と高齢者が共に支え合っていくべきだと考え，若い世代にとっても高齢者にとっても幸せな社会のあり方を探しはじめます。

　子どもは，これまでの追究で得た視点をふまえ，社会的な見方・考え方を働かせながら，高齢社会のあり方をさらに考えます。教師は，これまでの追究を高齢者や市役所福祉課に発信す

る場を設けます。社会参画力を高め，自分の考えを見つめ直し，高齢社会とどう向き合うかを考え続けていきます。

④ 本単元で働かせたい「現代社会の見方・考え方」

単元を貫く課題	課題	主に働かせたい見方・考え方	身につけることの例	
			知識・技能	思考・判断・表現
高齢者を活かす社会のあり方があるのではないか	高齢社会になっていると感じることはどんなことか	比較・関連	生活の中から高齢化による変化を捉えることができる	高齢化による変化を捉え，その内容を仲間に伝わるよう表現することができる
	どうしてこんな悲惨なことが起こるのだろうか	原因と背景	高齢者に関わる重大事件や自殺者の増加を示す資料を活用することができる	高齢者に関わる重大事件や自殺の増加の背景を介護の実態や現代の家族形態に注目して考えることができる
	高齢社会の現状はどのようなものか	推移や変化	高齢社会の現状について追究活動を行うことができる	追究活動を通して，高齢社会の現状についてまとめ，それに対する自分の考えを表現することができる
	高齢者を活かしていく社会のあり方はあるのか	推移や変化	高齢社会を活かしていく社会のあり方について追究活動を行うことができる	追究活動を通して，高齢者を活かしていく方法を模索し，自分の考えを表現することができる

5 単元のすすめ方

第1時　学習課題「高齢社会になっていると感じることはどんなことか」

　単元の導入として，高齢化している現代社会を子どもたちがどう捉えているか聞いてみます。単元終了後に，自分の考えがどのように変容したか，そして，どのような学びが深まったかを実感するためにも，最初の段階での捉えは大切であると考えます。

> Ｃ１：老人ホームもたくさんあるし，ワゴン車で送り迎えされるお年寄りをよく見かけるようになった。
> Ｔ１：高齢化することで困っている人も多いのかな。
> Ｃ２：高齢者は増えているけど，高齢者目線のものや配慮されているものが増えているから，それほど困っていないのではないか。
> Ｃ３：年金や保険も高齢者が優遇されていると聞いたことがある。
> 　　　　　　　　　　　　　　　　　　　　　　　　　　　　　　　　　　（授業記録より）

　子どもは，バリアフリーなどを例にあげ，高齢者目線のものが増えていることに注目します。介護という言葉をよく聞くことが話題となり，老人ホーム，認知症，老老介護などのキーワードへとつながります。子どもは，高齢化で変化した社会の様子をおおまかには捉えていきます。しかし，子どもたちが高齢化によって今困っている訳ではないため，それほど問題だとは感じません。社会全体が高齢化に対応できているのではないかと考えます。

第1時の板書

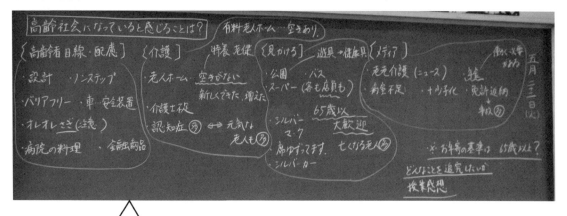

ここが 主 対 深　※「主・対・深」は，「主体的・対話的で深い学び」をさします。

　「高齢化していると感じること」を出し合うことで，自分の生活経験から考え，それを仲間に伝える場面で対話的な学びが生まれます。

第2時　学習課題「どうしてこんな悲惨なことが起こるのだろうか」

　第1時の授業感想を見ると，「高齢化が進んでいる実感はありますが，高齢化対策も進んでおり，それほど問題はない」と考えている子どもが多くいます。

　そこで教師は，老老介護による重大事件の記事や高齢者の自殺者の推移を示すグラフを提示します。そして，タブレット端末でこれらに関わることについて簡単に調べ，対話します。子どもは，高齢化がすすむことでさまざまな問題が起きていることに驚き，その原因に興味を抱くと共に，高齢化がすすむことで社会がどのように変化していくのかを知りたいと考えます。実際は高齢化への対策はすすんでいないのかもしれないと思い，高齢社会の現状について調べはじめます。

> C4：介護がとても大変だという話はよく耳にする。これからさらに高齢者が増えれば，こういう事件が増えていくのではないか。
> C5：調べてみると高齢者が高齢者を介護している状況がある。介護はかなりの労力を使うらしいので，そこから殺人事件に発展することもあり得ると思った。
> C6：高齢化はすすんでいるとは思っていたけど，こんなに悲惨な事件が起こっているとは思わなかった。少子高齢化はさらにすすむと思うので，今後どんな社会になっていくのか不安になった。
> C7：高齢者といっても元気な人から体を悪くしている人までさまざまだと思う。長生きすれば高齢者になるのは必然だから，問題が起きないような社会のしくみを考える必要がある。
> C2：高齢化への対策は叫ばれているだけで，実際はすすんでいないのかもしれない。
>
> （授業記録より）

ここが 主 対 深

　それほど問題ではないと考えていた高齢化について，老老介護による重大事件の事例をきっかけに，「これからの高齢社会は大丈夫なのだろうか」という切実な疑問を持つことで，主体的な学びにつながります。

第3時　学習課題「高齢社会の現状はどのようなものか」

　「高齢社会の現状はどのようなものか」という課題で個人追究を行います。個人追究は，主にインターネットを使った情報収集や身近にいる高齢者からの聞き取りを中心に進めていきま

す。高齢者といっても年齢から健康状態まで幅が広いため，個人に限定せず社会全体として捉えるようにします。そのため，電話取材や訪問取材を通じて高齢者と関わりがある人々の声を聞いていきます。特に県庁や市役所の福祉課や高齢者向けのビジネスを行っている企業への取材を推奨します。現代社会の現状を捉えるような学習においては，当事者から生の声を聞くことで，子どもたちに切実感が生まれ，主体的な追究活動につながります。

　子どもたちの主な取材先は次のとおりです。

○東洋ウェルフェア株式会社本社　有料老人ホームサン・ケア　レジデンス
○愛知県庁高齢福祉課　　　　　　○アルクオーレ岡崎戸崎
○高齢者生協在宅支援センター　　○ハートケアメゾンみなみの風「竜美丘」
○愛知県警察本部　　　　　　　　○うつくしの家　岡崎

　個人追究をとおして，高齢化による社会問題は，当初予想していたよりも大きいことを実感します。そして，子どもはこうした高齢社会の真の現状を仲間に伝えたいという思いを持ちます。同時に，仲間が追究した現状について知りたいという思いも持ちます。そこで，教師は学級全体での対話の時間を設けます。

C8：人手不足の原因は介護によるストレスや介護が面倒くさいと思うことだ。
C5：介護職の有効求人倍率はとても高い。みんな働きたくないだけで，働こうと思ったら働ける。働きやすい環境にしていけば，介護は大きなビジネスになる。
C9：定年退職しても働きたいと思っている高齢者は多い。働く環境を整え，高齢者を有効活用していくべきだ。
C7：年金の負担も多くなることを考えると，60歳以上も働ける環境を整え，70歳ぐらいまで働くべきだ。

(授業記録より)

　高齢者に関わる事件や事故について追究した子どもからは，被害にあっている詐欺や高齢者が原因で起こっている交通事故についての意見が出されます。また，介護について追究した子どもからは，重労働・低賃金な介護職はストレスも多く，人気がないため人手不足になっているという考えが出されます。そのような現状を捉える子どもは多いため，少子高齢化がすすみ，数少ない若い世代が高齢者を介護していくのは難しいという今後への不安感が広がります。そこで教師は，介護は大きなビジネスチャンスと捉える考えを取りあげます。高齢社会に対するマイナスイメージが大きくなったところで，逆にプラスイメージの考えを取りあげることで，多様な見方で学習課題に迫ることができると考えます。授業記録にあるように，「働きたいと思っている高齢者は多く，有効活用するべきだ」，「60歳以上でも働きやすい環境を整えるべき

だ」と高齢社会を前向きに捉える考えがつながっていきます。それをきっかけに，高齢者が増えることが利益につながったり，高齢者の力を活かしていくことで若い世代の負担が減ったりする可能性があることに気づきはじめます。

> T1：（板書に注目させる）高齢社会の現状としてマイナス面・プラス面がありそうだが，それについてはどう思うか。
> C2：日本という国にとってなのか，高齢者にとってなのかによって違うから一概にいえない。
> C9：国にとってプラスだ。働きたい人が働けば，お金も回って，最終的に国のためになる。
> C10：プラスな面は国にとってだ。国が対策していけばプラスになっていく。
> C11：マイナスが多いと思う。国の対策は税金で行うのだから，僕たちが払っていくわけで，高齢者が増えていくのだから，さらに負担は大きくなる。
>
> （授業記録より）

そこで教師は，板書に注目させ，高齢者が増えるとマイナスが多いという考えと高齢者をプラスに捉える考えがあることを示し，問題を焦点化します。「日本という国にとってなのか，高齢者にとってなのかによって違う」と立場によって捉え方が違ってくる意見が出されます。それに関わって，「働きたい人が働けば，お金も回って，最終的に国のためになるから」とつながり，続けて，「プラスな面は国にとってだと思う」と国としての立場からプラスに捉えるという考えが出されます。それに対し，「マイナスが多いと思う」という考えも出されます。このようにして，高齢者をプラスに捉えるという新しい見方をとおして，考えを再構築していきます。その中で，「高齢者を活かしていく社会のあり方はあるのか」という次なる学習課題が生まれてきます。

ここが 主 対 深

高齢社会の現状についての対話をする中で，板書に注目させ，問題を焦点化してさらに意見交流する中で，主体的・対話的で深い学びが生まれます。

第4時 学習課題「高齢者を活かしていく社会のあり方はあるのか」

子どもは，第3時に生まれた学習課題「高齢者を活かしていく社会のあり方はあるのか」についての追究を行います。第3時同様に追究を進めていきます。問題が焦点化され，どのよう

にして高齢者を活かしていくかをさまざまな角度から考えていきます。その中で、高齢者を活かしていけると考える子ども、活かしていくのは現実的に難しいと考える子どもに分かれ、考えに違いが生じます。考えに違いが生じることで、子どもはその考えを交流したい、さらには自分の考えの根拠を明確にし、その考えの有用性を伝えたいという思いを持ちます。この思いが対話的な学びにつながると考えます。そこで、第4時においても、教師は学級全体での対話の場を設定します。

　まず、日本も定年制を廃止して長く働くことができるようにするべきだという考えや高齢者が働くことで若者の負担が軽減されるという考えが出されます。この考えに対し、定年制の廃止には反対で、定年後の働く機会をしっかりとつくるべきだという考えも出されます。また、働きたい高齢者も多いが、その中には働かざるを得ない状況の高齢者もいるという考えも出されます。このように、高齢者を労働力として活かしていこうという期待が広がったところで教師は、高齢者を活かすことは現実的に厳しいという考えを取りあげます。そうすることで、雇用する側から見ると、高齢者を雇うデメリットも多いことに気づきます。見方を変えることで、高齢者を活かしていけるかどうか、さらに深く考えることができます。そして、教師は、板書に注目させ、高齢者を活かしていく社会のあり方には理想と現実があることを意識させ、「これについてはどう思うか」と問いかけます。「企業にとっても高齢者にとってもWIN-WINな関係をつくるべきだ」と高齢者だけでなく雇う側のことも視野に入れた考えや「助成金を出すなど国の援助が必要だ」と国の働きかけが重要であるという考えが出されます。それに関わって「国が支援することには全て税金が必要」と最終的に国民の負担、つまり自分たちの負担につながるという考えが出されます。理想と現実を意識したことで、視野が広がり、高齢者だけでなく、若い世代も含めた高齢社会のあり方を模索していくことができます。

C12：企業側にとっては高齢者を雇うと人件費が増大する、若い人が雇えなくなるなどのリスクが大きく雇いづらい。

T1：（板書に注目させる）高齢者を活かしていくには理想と現実がありそうだが、それについてはどう思うか。

C13：高齢者を雇った企業にお金が支給される助成金制度を充実させ、企業にとっても高齢者にとってもWIN-WINな関係をつくるべきだ。そうすれば雇用が増えるはずだ。

C11：人手不足だから高齢者も雇いたいけど、給料が払えなくて困っている。助成金を出すなど国の援助が必要だ。

C7：助成金などで国が支援することには全て税金が必要で、税金を上げることになる。

C14：僕たちにできることは高齢者への偏見をなくすことや、高齢者の実態をもっとよく知ることではないか。

（授業記録より）

第4時の板書

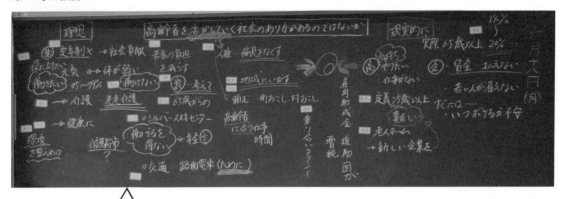

ここが 主 対 深

　高齢者を活かしていく社会のあり方を考える中で，理想と現実という見方をとおして再度考え，自分の考えを再構築する場面で深い学びが生まれます。

★チャレンジ もっと 主 対 深

学習課題　若い世代のことを考えた社会になっているだろうか

○**学習課題のポイント**

　高齢者に視点をおき，高齢者を活かす社会について学習を進める中で，若い世代に視線を向けなくてよいのかという疑問が生まれます。「高齢者に対して手厚い政策を実行することで，若い世代がないがしろにされる恐れが出てくるのではないか」という学習課題を設定し，若い世代にとってのよりよい社会について追究していきます。そうすることで，高齢者・若い世代双方からの見方で社会のあり方について考えることができ，より深い学びになります。

○**予想される学びの姿**

　子どもは自分たちの将来についての関心が高く，どんな社会になっていてほしいかを考えていきます。高齢者に対して，国が社会保障や年金制度などを手厚くしていこうと政策をすすめていることを知った子どもは，自分たちに対しての保障はどうなっているのかという疑問を持ちます。また，外国人労働者の受け入れ拡大の可能性からは，自分たちが働く環境についての不安感を募らせます。その思いを基に，学習課題「若い世代のことを考えた社会になっているだろうか」についての追究をしていきます。追究を通して，自分の将来の社会のあり方を考え，自分たちにできること，国として進めていくべきことなどを模索し，考えを深めていきます。

○**活用できる教材**

　外国人労働者の受け入れ，就職活動の解禁など，若い世代が直接影響を受けるような労働に関わる問題が今話題となっています。このような時事問題を教材化することで，切実感が生まれ，子どもの主体的な学びにつながります。

（奥村　仁）

A 私たちと現代社会

(2) 単元名：現代社会を捉える「見方・考え方」（計4時間）

現代社会を捉える枠組みを身につける公民学習
──対立を解消するにはどうしたらいいのだろう

1 単元目標

① 【知識及び技能】

現代社会の見方・考え方の基礎となる枠組みとして「対立と合意」「効率と公正」について理解できるようにする。

個人の尊厳と両性の本質的平等，契約の重要性やそれを守ることの意義および個人の責任について理解できるようにする。

② 【思考力，判断力，表現力等】

社会生活における物事の決定の仕方，契約をとおした個人と社会との関係，きまりの役割について多面的・多角的に考察し，表現できるようにする。

③ 【学びに向かう力，人間性等】

身近な問題に対して，「対立と合意」「効率と公正」などに着目してよりよい解決策を他者と協働して実現しようとする態度を養う。

2 めざす子ども像～こんな姿に～

社会生活における物事の決定の仕方や契約をとおした個人と社会との関係，社会におけるきまりの役割などについて理解し，公民的分野を通じて課題について考えるための枠組みとなる，「対立と合意」「効率と公正」といった見方・考え方をはたらかせながら，さまざまな課題のよりよい解決策について考え，他者と協力して課題を解決しようとする子どもに。

3 単元構想

「対立と合意」「効率と公正」は，この後につづく単元でも継続して用いられる，公民的分野を貫く重要な見方・考え方です。平成29年版学習指導要領解説社会編には対立の生まれる理由として「一人一人個性があり多様な考え方や価値観を持っていること」，「利害の対立」，「売買の場面での条件の相違」などをあげています。つまり対立とは多様な人々が社会生活を営む中で自然に起こるものである，と考えていることが重要です。正しい意見と間違った意見が対立するのではなく，正しいことをしようとしている人々同士でも対立は起こるということです。しかし社会生活を営む上ではそういった対立を乗り越えて合意に至る努力をしていかなくてはなりません。ではどのような合意の方法をとればよいのでしょうか。そこで手掛かりとなるのが「効率と公正」という考え方です。社会全体として無駄がないか，より大きな成果を上げているかを検討すると同時に，公正さが保たれているかという視点からのチェックが必要です。さらに合意したことには守る責任が生まれます。そこからきまりの役割や個人の尊厳についても考えさせることができます。

生徒会活動などの，身近な「対立と合意」の場面を舞台にしつつ，それぞれの合意方法の問題点が浮かびあがるような設定の教材を開発することでさまざまなジレンマに直面させ，思考を深める機会にしたいです。学校の実態に応じて，具体的・体験的でありつつ，より多くの見方・考え方について考えられるような授業展開をつくることが大切です。

4 本単元で働かせたい「現代社会の見方・考え方」

単元を貫く課題	課題	主に働かせたい見方・考え方	身につけることの例	
			知識・技能	思考・判断・表現
よりよいきめ方とはどのようなものだろうか	・対立を解消するには？ ・きまりは守らなくてはいけないの？ ・効率と公正で考えよう（スポーツ大会の練習場所のルールをきめよう）	対立と合意 効率と公正	・効率，結果の公正さ，機会の公正さ，手続きの公正さ，の意味を理解する ・契約という視点からきまりの役割を理解する	・社会生活における物事の決定の仕方，きまりの役割について多面的・多角的に考察し，さまざまな条件や立場に対して効率や公正を適用して考え，判断したことを表現できる

5 単元のすすめ方

第1時　学習課題「対立を解消するには？」

第1時の板書

> 文化祭の出し物を考えよう！「対立を解消するには？」
>
> 　案A○○　　案B○○　「成功させたい！」→対立→合意する必要
>
> 決め方
> ・話し合い（全員一致）……みんなが参加，時間がかかる，
> 　　　　　　　　　　　　　妥協できないかも……
> ・多数決……早い，皆等しく扱う，正しいとは限らない，
> 　　　　　　一部に負担を押しつけるかも……
> ・じゃんけん・クジ……早い，恣意的でない，正しいとは
> 　　　　　　　　　　　限らない……
> ・先生が決める……知識がある，恣意的になるかも……
>
> →　効率と公正の視点できめ方をチェック
> 　社会全体として無駄がない
> 　限られた時間や資源でより大きな成果
> 　・効率
> 　公正さは保たれているか
> 　・手続きの公正さ
> 　・機会の公正さ
> 　・結果の公正さ

ここが 主 対 深

　正しいものと悪いものが対立しているのではなく，正しいという信念同士が対立していることに気づき，「じゃあ，どうすれば対立が解消できるのだろう」と疑問を持つ場面で，主体的な学びが生まれます。

○第1時の目標
・多様な人々が社会集団の中で共に成り立ち得るように，何らかの決定を行い「合意」がめざされていることを理解することができる（知識及び技能）
・よりよい「合意」のために効率と公正という見方・考え方を用いることの意義について考えることができる（思考力，判断力，表現力等）
・身近な対立問題について，合意に至る道を考えようとすることができる（学びに向かう力，人間性等）

	○主な問い，学習活動・内容	◇指導の手立て □資料 ☆見方・考え方【 】評価
つかむ	問い 対立はなぜ起こるのだろう ○身近な地域でこれまでに発生した対立の事例を知る 問い 対立はない方がいいのだろうか 問い このクラスで文化祭の出し物をきめる場面で対立が起こったとしたら，対立する両者はそれぞれどういう思いから主張しているのだろう ○文化祭の成功のために対立をのりこえる方法について考える	□新聞記事「（開発への賛否など地域で起こっている対立についてのもの）」 ◇対立によって政策が上手くすすんでいない例などから問題意識を持たせる ◇答えは出さず先にすすむ ◇どちらも文化祭の成功を願っているであろうことに気づかせる ◇いいと思うことが人によって違うことは自然なことであり，だとすれば対立が起こることも自然なことであることをおさえる
	〔学習課題〕 対立を解消するには？	
	○さまざまなきめ方を考える	◇話し合いでの全会一致，多数決，じゃんけんやクジ，先生やリーダーにきめてもらう，等
考える	問い じゃんけんやクジはなぜ人気なのか 問い 多数決はなぜよく使われるのだろう 問い それぞれのきめ方のよさと問題点は何だろう ○それぞれのよさと問題点を整理する	◇どんなきめ方も一長一短があり，問題にあったきめ方をすることが大切だと気づかせ，よりよいきめ方への関心を高めるようにする 【合意に向け積極的に考えているか】 ◇子どもの発言を生かしながら，それぞれ文化祭についての決定であればどのような問題が生じる可能性があるのかを例示する
まとめる	問い きめ方にはどんなものがあっただろう。どんな点に気をつけてきめ方を選ぶべきだろうか	☆効率と公正 【効率と公正という見方・考え方を用いることの意義について理解しているか】

①導入発問：「対立はなぜ起こるのだろう」

対立状況に対する自然な感情としてのネガティブなイメージを引き出すために地域の問題などを例示します。ここでは事例での主張に対する解釈などには深入りせず「対立」を解消することの難しさに気づかせ，対立と合意についての関心を高めるようにします。

②導入発問：「対立する両者はそれぞれどういう思いから主張しているのだろう」

ここでは具体的に，文化祭という身近な事例から対立について考えさせます。文化祭の成功

という同じ目標に向かう仲間の「よさ」と「よさ」の対立を扱うことで，子どもたちに対立とは善悪や利害のぶつかり合いだけではないということを理解させることができます。

③主発問 「対立を解消するには？」

この発問で具体的にさまざまなきめ方について考えさせます。きめ方の例としては，話し合いによる全会一致，多数決，じゃんけんやクジ，先生やリーダーにきめてもらう，などをあげさせたいです。その後，補助発問を通してそれぞれのきめ方について考えさせていきます。

④補助発問 「じゃんけんやクジはなぜ人気なのか」

日本の子どもは何かの係りなどをきめるときにじゃんけんをよく使います。その理由には「早い」ということもありますが「うらみっこなし」であるという理由もあります。対立から合意をする過程では必ず誰かは妥協しなくてはなりません。誰が妥協するべきか，恣意的な要素を廃した選択ができるところにじゃんけんの魅力があります。このことから，対立から合意に至る過程では相互に妥協が必要なことに気づかせたいです。しかし文化祭の出し物をきめるときに偶然性に決定を委ねたいという子どもは少ないでしょう。かといって，話し合いによる全員一致が理想的ですが，時間の制約に加えて，時間をかけたからといってうまく妥協し合えるとも限りません。そこで登場するのが多数決です。

⑤補助発問 「多数決はなぜよく使われるのだろう」

多数決について深く考える場面は，子どもにとっては実はこの単元が小中学校を通じて最初です。多数決を支える価値は，全ての意見を等しく扱うということです。多くの子どもは知識として民主的なきめ方は多数決と覚えている一方で，多数決によって自分の意見が否定され「自分の方が正しいのに」と思った経験も持っています。そこでそのことを投げかけて確認した上で，実際に上皿天秤を教卓に置いて１円玉を使い，まずより多くの１円玉が乗った方にきめることが多数決であることを示してあげ，そして「でも自分が正しいと思ったよね！」といいながら500円玉を乗せると天秤のバランスは逆転します。「それはみんなは１円だけど俺は500円だといっているのと同じだね」などといい，多数決が時間を節約できるというだけではなく誰をも等しく扱うという公正さを持っていることに気づかせます。

⑥補助発問 「それぞれのきめ方のよさと問題点は何だろう」

しかし，もし道の先が崖になっていることを一人だけが知っていているとき，行き先を多数決できめたらどうなるでしょうか。多数決は「一つの公正さを持っているが正しさは保証しない」という問題点を持っています。文化祭の例でいえばその場のノリでふざけた決定をしてしまう可能性もあるでしょう。場合によっては，知識や責任のある人に，より大きな権限を与えるきめ方をした方がいいかも知れません。他にも，少数派の意見を軽視したり，一部の人に負担を押しつける決定をしてしまう危険性などもあります。これでは公正が保たれているともいえずより多くの成果（多くの人の幸福）を目指すという効率の視点からも問題があります。効率は単に時間的に早いということではなく，社会全体として無駄がないこと，限られた資源で

より多くの成果を得ることとされています。授業では子どもの発言を生かしながら問いかけ，効率に加え，結果の公正さや機会の公正さ，手続きの公正さなど，さまざまな視点から公正さが確保されているかを考える必要があることに気づかせたいです。

⑦整理する発問：「きめ方にはどんなものがあっただろう。どんな点に気をつけてきめ方を選ぶべきだろうか」

この発問でこれまでに考えたことを整理し，限られた時間や資源の中で「効率」を意識しつつ，さまざまな面から「公正」についても考慮しなくてはいけないことを理解させます。具体的な効率と公正の視点については活動を通じて第2・3時でも学ぶため，ここでは効率と公正という見方・考え方を用いることの意義についてしっかり理解させたいです。

⑧次時への発問：「合意したらどうしなくてはいけないのだろう」

対立を乗り越えて合意をしたことには守る責任が生まれます。また相手が守れば自分の権利は守られます。「社会がさまざまな対立と合意を繰り返して成り立ってきたとしたら?」きまりについて考える次時につなげる問いを発して授業を終えます。

第2・3時　学習課題「きまりは守らなくてはいけないの?」

○第2・3時の目標

・個人の尊厳，契約の重要性やそれを守ることの意義および個人の責任について理解できる（知識及び技能）
・契約を通した個人と社会との関係，きまりの役割について考察することができる（思考力，判断力，表現力等）
・身近なきまりについて，その役割について考えようとしている（学びに向かう力，人間性等）

	○主な問い，学習活動・内容	◇指導の手立て　□資料 ☆見方・考え方【　】評価
つかむ	問い　きまりをやぶったことがあるか ○きまりをやぶりたくなった理由について考える	◇きまりはきまりだから守るのが当たり前という捉えではなく，きまりとは何かということに関心を持たせるようにする
考える	〔学習課題〕　きまりは守らなくてはいけないの? 問い　きまりはなぜできたのだろう ○社会生活をする中できまりがなければ，弱肉強食のようになってしまうかもしれない。一人一人が等しく尊重されるべきだとしたら，	◇きまりのない社会について想像させる ◇「村にある木の果実をとり合っている村人の対立がルール策定によって解決する」など，具体性のあるストーリーを創って例示する

	利害が対立し，対立が生じたら両者で調整をして合意をする必要がある	☆対立と合意
いかす	○自由な意思で納得して合意を選んだのであればその合意は契約としてお互いに守る責任が生じるし，その結果としてお互いの権利が守られる。そのような合意の結果としてきまりがつくられる ○このようなことから，きまりにはやぶると得になるという一面があり，人はルールやぶりの誘惑にさらされているといえるが，きまりがやぶられることが広がれば，権利も守られなくなっていく	◇個人の尊厳に基づき平等に扱われ尊重されるべき個人が集まって社会を構成し生活しているという所から考えをすすめさせ，合意を契約という概念で捉えさせ，きまりを契約という視点から見直すようにさせる。（ホッブズやロックなどの考えを紹介してもよい） ◇そのために社会にはきまりを守らせるような国家などの強制力も存在することにふれる（→憲法の役割（立憲主義）の学習につながる）
まとめる	問い きまりにはどんなものがあるだろう ○法は明示された強制力のあるきまり，道徳は内面の指針として共有されてきたもの，慣習は社会の維持のために自然にできたきまり 問い どんなきまりも守らなければならないのだろうか。変えることはできないのだろうか ○個人の尊厳の考え方から道徳のような内面には介入すべきでないと考えられているし，慣習の中には現代の個人の尊厳や両性の本質的平等の考えに反する形で成り立っているものもある	□法，道徳，慣習について整理した表 ◇自分が直接契約したものではなくてもこれまでに積み重ねられた中で権利が守られており，きまりは守った方がよいと気づかせる ◇慣習は元々社会の維持のために自然発生したものであるため，中には性別役割分業のように現代では問題となるものもあるし，そのような慣習が法になってしまっているものもあることに気づかせる
いかす	問い きまりが権利を侵害していると感じたときはどうしたらいいだろう 問い 新たな契約が必要な例はあるだろうか	◇ただルールを破るのではなく，意思表示により対立から合意，新たな契約＝きまりづくりを行うことができる 【きまりについて自分事として考えようとしているか】

第4時　学習課題「効率と公正で考えよう」

第4時の板書

```
「スポーツ大会の練習場所のルールをきめよう」効率と公正で考えよう

 練習場所：体育館，グラウンド，屋外バレーコート，……
 グループ（クラスの事情）A……B……C……D……E……
 話し合いでできたルール：①……　　③……　　⑤……
 「効率と公正はどう活かしたか」：①……　　②……　　③……
```

ここが 主 対 深

　身近な生徒会での活動を例にし，対立と合意，効率と公正などを用いたり，個人と社会との関係，きまりの役割についての知識を活用したりしながら，話し合う場面で，主体的・対話的で深い学びが生まれます。

○**第4時の目標**
- 多様な人々が社会集団の中で共に成り立ち得るように，何らかの決定を行い「合意」がめざされていることを理解することができる（知識及び技能）
- よりよい「合意」のために効率と公正という見方・考え方をどのように用いればよいか考え，考察したことを表現することができる（思考力，判断力，表現力等）
- 身近な問題について，対立と合意，効率と公正という見方・考え方を用い，合意に至る道を考えようとすることができる（学びに向かう力，人間性等）

	○主な問い，学習活動・内容	◇指導の手立て □資料 ☆見方・考え方【 】評価
つかむ	問い 生徒会活動などでルールづくりをしたことがあるか	◇学習した内容を活用することを目標として示す
考える	〔学習問題〕 スポーツ大会の練習場所のルールをきめよう	
	○クラスを5～6グループに分けて，それぞれに事情のあるクラスの設定を伝えた上で，みんなが納得する割り振りのルールはどうするべきかを考えさせる	◇他のグループの事情は伝えないでおくが，自分のグループだけではなくみんなが納得できるルールを考えるように指示する
いかす	○グループをミックスしてお互いの事情をぶつけ合いながらルールづくりをさせる ○話し合いグループごとにできあがったルールを発表する	◇結果の公正さや機会の公正さ，手続きの公正さに問題のある設定を用意する ☆効率と公正 【積極的にルールづくりに関わっているか，効率と公正を用いて議論しているか】
まとめる	○違う話し合いグループのルールに対して質問や意見を交わし相互評価を行う ○振り返りの学習プリントに記入する	◇話し合いの間に板書に全グループの設定を整理して書いておく ◇効率と公正をどう活かしたか明らかにする ☆効率と公正 ◇効率と公正などの見方・考え方が適切に活用できているか教員からもコメントする 【効率と公正，きまりの役割などを理解し適切に活用できているか】

主発問：「スポーツ大会の練習場所のルールをきめよう」

　この時間は，第1時，第2時で学習したことを，実際に身近に起こり得る状況下で活用できるようにさせることをめざしています。各学校の行事などに合わせてリアルな設定を行うことで子どもは現実味を持って，対立と合意，効率と公正を理解し，用いることができるようになります。部活動の予算配分などを例にして作成することも考えられます。対立と合意，効率と公正は，公民的分野を通じて活用することとされており，この単元で身近な例を通じてしっかり身につけさせておきたいところです。

★チャレンジ もっと 主 対 深

学習課題　ホントに，学年練習を企画しよう！

○学習課題のポイント

　授業の中から飛び出して，実際の行事運営と公民的分野の授業がコラボすることで，社会科の学びが現実の社会とつながります。学校全体の行事のルール設定では制約も多いでしょうが，行事に向けた学年での取り組みであれば多くの学校で実践可能なはずです。1時間の間に場所をどう振り分けるか，といった限りある資源の配分といった制約を設けることが望ましいです。学年の先生方と相談しながらつくっていきます。まずクラス内でグループに分けて提案し，それをクラスで議論して一つにしぼり，その上で可能であればクラスを越えて議論をしたり投票や代表者による議論などを通じて決定していくのがよいでしょう。

○予想される学びの姿

　子どもの関心の高い行事運営に実際に関わっていることで，「本気で」取り組むことや，「リアル」に考えること，さまざまな影響について「深く」考えたり，他の意見に「向き合う」ことが期待されます。最も期待したいのは，そういったリアルな文脈の中で「授業で学習したことを活用する経験」をし，公民的分野を学ぶことで「何ができるようになるか」ということを子ども自身が意識するようになることです。

○活用できる教材

　体育の授業とコラボしてルールづくりを行わせる，実際に部活動の予算配分のルールをつくる，など社会科の授業の枠を越えた課題を設定したいです。

（阿部　哲久）

B 私たちと経済

(1) 単元名：市場の働きと経済（計6時間）

経済の「見方・考え方」から社会を捉え直す公民学習
―― 足りないものはどうやって分配するべき？

1 単元目標

① 【知識及び技能】

地球上に存在するほぼ全てのものは「希少性」があり，個々人や企業は市場経済において価格を考慮しつつ何をどれだけ生産・消費するか選択していることが理解できる。

② 【思考力，判断力，表現力等】

市場経済の基本的なしくみと理想的な働きの理解を基に，効率と公正，希少性などの見方・考え方を働かせながら，個人や企業の経済活動における役割と責任について考察し，表現することができる。

③ 【学びに向かう力，人間性等】

希少性，分業と交換，効率と公正などを用いて経済活動に関わる問題を解決しようとする態度を養う。

2 めざす子ども像～こんな姿に～

市場経済のしくみの理想とするはたらきと現実の場面での限界について理解し，「希少性」「効率と公正」などの見方・考え方をはたらかせながら，市場経済の下での個人や企業の経済活動における役割と責任について多面的・多角的に考察して表現できる子どもに。

❸ 単元構想

　私たちは「希少」な財やサービスを誰がどれだけ手にするべきかという問題に常に直面しています。政府がうまく分配してくれればよいですが全ての人のニーズを把握することは不可能です。そこで希少な財やサービスをなるべく無駄のないように分配するためには当事者同士で価格を用いて意思表示をし合う方法がいいという考えが導かれます。これが市場経済が選択されている基本的な考え方です。しかし市場経済に期待されている理想的な働きと現実には大きな差があります。例えば物差しとして価格を使うためには本来，人々の間に経済的な格差があってはいけないはずです。そこでうまく市場経済のよさを生かすために補完する役割が政府には期待されることになります。独占禁止法による健全な競争環境の維持や労働法制による労働者の保護などもその一例です。

❹ 本単元で働かせたい「現代社会の見方・考え方」

単元を貫く課題	課題	主に働かせたい見方・考え方	身につけることの例	
			知識・技能	思考・判断・表現
市場経済とはどういう考え方だろうか	・対立を解消するにはどうすればよいだろう（最適なキャンディの配分方法を考えよう） ・価格はどのように働くのだろう ・まかせっきりだとどうなるだろう ・どっちが大事？二つの競争 ・なぜ株式会社が多いのだろう ・ブラック企業はなくせるか	希少性 効率と公正 分業と交換	・価格を通じて意思表示を行い，生産や消費の行動を変えることで無駄の少ない資源の配分が行われる ・市場の分配機能がうまく働かないときは政府が改善できることもある ・労働条件の改善は権利だけでなく市場のしくみの上でも必要である	・個人や企業の経済活動における役割と責任について多面的・多角的に考察し，表現できる ・金融や株式会社のしくみなどが希少なものの分配にどのように関わっているか多面的・多角的に考察し，表現できる ・職業の役割，雇用と労働条件の改善について多面的・多角的に考察し，表現できる

第2章 「見方・考え方」を育てる中学公民授業モデル

5 単元のすすめ方

第1時　学習課題「対立を解消するにはどうすればよいだろう」

第1時の板書

最適なキャンディの配分方法を考えよう

40個のキャンディ→　1人1個？
・A：3個必要な人
・B：本当はそれほど欲しくない人
・C：今日だけは欲しい人　……
「欲しい人が欲しいだけとると足りない」
＝希少性　→どうやって配分すべきか？

○先生が分ける＝情報を知っている
【計画経済】Cさんには対応困難
○全員が意思表示をし合う→方法？
【市場経済】＝「価格」で示す
　長所：無駄が少ない，
　短所：Aさんの持続性，所持金の差　など
※現代の日本の社会は市場経済の長所を活かし，
　短所には社会的に対策をするという選択

ここが 主 対 深

慣れ親しんでいる均等配分の限界や，効率と公正という見方・考え方からは多様な分配方法が考えられることに気づき，よりよい分配方法について考えることで主体的な学びが生まれます。

○第1時の目標

・地球上に存在するほぼ全てのものには「希少性」があり，個々人や企業は市場経済において価格を考慮しつつ何をどれだけ生産・消費するか選択しているということが理解できる（知識及び技能）
・市場経済の基本的なしくみと理想的な働きの理解を基に，効率と公正，希少性などの見方・考え方を働かせながら社会の問題について考えることができる（思考力，判断力，表現力等）
・希少性があるものをどのように分配することが望ましいか積極的に考えようとすることができる（学びに向かう力，人間性等）

	○主な問い，学習活動・内容	◇指導の手立て　□資料 ☆見方・考え方【 】評価
つかむ	問い　ここにキャンディが40個（子どもの人数分）あります。みんなにあげるので誰か配	□キャンディ40個 ◇可能であれば実際にキャンディを配る

	ってくれますか 問い　もし，Aさんはお腹を空かせてどうしても三個食べなくてはいけないとしたらどうするか ○本当は欲しくないBさんのものをもらうという方法がある	◇私たちは通常，公正な分配として均等に分けるということをすることを確認する ◇実際にはキャンディが好きではない人もいる可能性があり，その人たちが譲ってくれれば上手くいくこと，均等分けよりもみんなが満足する分配方法があることに気づかせる ☆効率と公正
	〔学習問題〕　最適なキャンディの配分方法を考えよう	
考える	問い　そもそもキャンディが20個しかなかったらどうしたらいいだろう ○最適な配分にはそれぞれの人がどれくらい欲しがっているかを知る必要がある 問い　Bさんがお弁当を忘れてお腹を空かせていた日があったらどうだろう ○誰かが全ての人のことを考慮して配分することは現実には不可能であり，それぞれが何をどれくらい必要としているか，譲ってもいいと思っているかを意思表示する方が現実的であり，これをやっているのが市場である 問い　どれくらい欲しいか，とても欲しいことを意思表示するにはどうすればよいだろう ○価格を示すことでどれくらい欲しいか，どれくらい手放したくないかがわかる 問い　市場に任せていたら全てうまくいくか ○Aさんはあっという間にお金が足りなくなるし，それほど欲しくないけれどお金持ちのCさんが買ってしまうかもしれない	◇最適な配分をするために，配る人はさまざまな情報を知る必要があることに気づかせる ◇担任の先生ならみんなのことをわかってくれるだろうか ◇具体的な状況の例を示し，人の必要とする物は日々変わっているので先生といえども全てのことを把握して常にベストな配分をすることはできないことに気づかせる ◇先生が分けるのが計画経済であり，市場で各自が交換に参加するのが市場経済であることをおさえる ◇価格がシグナルとして働くことをおさえる ◇世の中のほとんどのものは「欲しい人が欲しいだけ手にしようとすると足りなくなる」ものである（☆希少性）。市場経済は希少なものをなるべく無駄なく配分する方法であることをおさえる。 ◇市場経済に期待されている理想的な働きと現実には大きな差があり，さまざまな対策やしくみを考える必要があること，計画経済のしくみも難しさがあることをおさえる
いかす	問い　最初のキャンディをクラスで配分するとしたらどうしたらいいだろう	【希少性，効率と公正を用いて考えることができているか】

❀①導入発問 「キャンディをみんなに配るとしたら？」
　導入では子ども数分のキャンディを配る場面を想起させます。子どもは慣れ親しんだ均等配分が妥当だと主張するでしょう。

❀②補助発問 「どうしても三個食べなくてはいけないとしたらどうする」
　そこで，実は均等配分では上手くいかないことがあるという設定を追加していきます。多く必要な人と，欲しくない人がいるのであれば，均等ではない配分にした方が結果は望ましいといえることに気づかせます。

❀③主発問 「最適なキャンディの配分方法を考えよう」
　具体的な例を示しさまざまな可能性を提示しながら，最適な配分方法について考えさせます。その前提として，世の中のほとんどのものは希少性があり「欲しい人が欲しいだけ手に入れたら足りなくなる」，つまり40人のクラスにキャンディが20個しかないといった状況であることを理解させます。子どもには希少でないものの例として空気などを例示した方が，希少でなければそもそも配分が問題にならないことがイメージしやすいでしょう。そして誰が何をどれだけ必要としているかは日々変わることなどから，先生のような誰かが集中的に管理して配分することは困難であること，個々人がその時々に意思表示をし合う方が無駄が少なくなる可能性が高いことに気づかせます。

❀④補助発問 「どれくらい欲しいか，とても欲しいことを意思表示するにはどうすればよいだろう」
　誰もがある程度共通の価値を見出しており意思表示のための物差しとして利用されていることについて考えさせ，価格を通じた市場での取引が無駄の少ない配分のために選択されていることを理解させます。

❀⑤補助発問 「市場に任せていたら全てうまくいくだろうか」
　ここまでの説明が理想的に機能するには所得格差がないなどの条件が必要であることに，気づいている子どもがいるはずです。子どもの発言を生かしながら対策やしくみが必要であること，現在の日本では対策をしつつ市場経済のよさを活かそうとしていることをおさえます。

❀⑥いかす発問 「最初のキャンディをクラスで配分するとしたらどうしたらいいだろう」
　条件を考えながら配分の仕方について話し合わせます。効率と公正を用いて考えられるよう支援します。

第2時　学習課題 「価格はどのように働くのだろう」

　第1時での学習をふまえ，私たちが価格によってどれだけ生産・消費を行うかという行動を変えていること，それによってより無駄のない配分が行われるようになっていることを理解させます。教材としては，おなじみの需要と供給のグラフを用いますが，単に需要と供給で均衡価格がきまる，ということではなく，価格によって生産や消費が調整されることで品不足や売

れ残りがおさえられ「社会全体として無駄がない」状態に近づくことができるということをおさえることが重要です。

第3時　学習課題　「まかせっきりだとどうなるだろう」

　市場経済のもとでは自由に競争が行われますが、自由な競争の結果として競争がなくなってしまうという矛盾したことが起こります。これが独占です。同じように、市場に任せているだけでは上手くいかないものには公害などの外部不経済があり、併せて市場の失敗とよばれます。市場の失敗とは、市場経済が失敗だという意味ではなく、放っておくと市場の機能が働かなくなる状態のことを指しているということを理解させることが大切です。

第4時　学習課題　「どっちが大事？　二つの競争」

　市場での競争には、価格を安くしたり品質を高くしたりするという「一つの定まったゴールに向かう競争」と、新しい商品ジャンルの開発や技術革新のような「多様な提案の中から選ばれるための競争」があります。学校という空間にはテストやスポーツ大会、合唱祭、クラス内での班競争などさまざまな競争がありますが、ほとんどがすでにきまっているゴールに向かう競い合いです。授業前にアンケート調査をして身近な競争をあげさせると子どもはほとんど同様の競争をあげるはずです。しかし市場経済では「多様なものを提案し選ばれる」競争こそが大きな意味を持ち、イノベーションを通じて社会を人々が望む方向へと進化させていっています。学校内での競争の形以外の競争の存在に気づかせる必要があります。

　「携帯電話の世界シェアの推移グラフ」の資料から子どもには大きなシェアを持った企業が現れてはシェアを失うということを繰り返していることに気づかせ、そのとき何が起こっていたのか、その結果今はどうなっているのか、社会はどう変わったのか考えさせます。

　そこで身近な携帯電話の資料を用いて、携帯電話が性能や価格の競争だけではなくスマートフォンの登場のような、選ばれるための競争をしてきたことを示し二つの競争があることに気づかせると共に、新しいアイデアを形にする上での起業の意義もおさえます。また、利益を得るより先にアイデアがあるのだと考えるとアイデアを形にして「選ばれるための競争」に参加するためには資金の提供を受ける必要があります。そこで直接金融や間接金融が大切な役割を担っていることに気づかせます。金融については主に間接金融を例示し、直接金融については深入りせず第5時につなげるようにします。

第5時　学習課題　「なぜ株式会社が多いのだろう」

　二つの競争という視点からは、多様なものが次々に提案され消費を通じて選択されていくことで無駄のない（効率）資源の配分が行われるということになりますが、そのためには選ばれなかった膨大な提案（選ばれなかった商品）が存在することが前提となります。選ばれなかっ

たときに損失が大きくやり直しがきかないのでは，誰もチャレンジしなくなり，市場経済は機能しなくなります。そこで株式の発行と所有と経営の分離によってリスクを分散することでチャレンジをしやすくしている株式会社のしくみが大きな意味を持つことになります。株式会社の有限責任の意味を市場経済のしくみと結びつけて理解できるようにします。

市場経済の下では企業は利潤をあげるためには消費者のニーズを汲み取る必要がありますし，消費者に害を与えるようなことがあれば市場で選ばれなくなっていくため，本来企業には利潤追求を通じて社会のニーズを満たすことが期待されています。しかし現実には短期的な利益のために問題を起こす企業が存在することもあり，近年は企業の社会的責任（CSR）が重視されるようになっていることを理解させます。

第6時　学習課題　「ブラック企業はなくせるか」

第6時の板書

ブラック企業はなくせるか

ブラック企業とは：
　①正社員で大量募集
　②入社後も選抜が続く体質
　③異常な長時間労働や残業代の不払い
　④解雇せずに辞めるように仕向ける
○企業の側
　労働はコストだという意識
○労働者の側
　仕事に就くためには仕方ない

→労働者を使い捨てるコストは社会が負担
→市場の働きを阻害
→「政府の役割」
　・労働基準法，最低賃金法など
※労働と商品の違いは？
　・生活のための契約の自由の制約
　・本来分業によって成果を分け合う関係
◇経済の見方を活かして
　働き方改革を考えてみよう

ここが 主 対 深

権利の問題として学習してきた労働三権の意義について経済の見方・考え方からも捉え直すことができることに気づき，経済の見方・考え方を生かす方法を探究することで主体的・対話的で深い学びが生まれます。

○第6時の目標
・労働条件の維持・改善における労働組合の意義や労働基準法などの法律によって労働者が人たるに値する生活を営むための最低の基準を定め，労働者を保護しようとしていることを理解できる（知識及び技能）
・市場経済の基本的なしくみと理想的な働きの理解を基に，効率と公正，希少性などの見方・考え方を働かせながらブラック企業問題について考えることができる（思考力，判断力，表現力等）
・問題の解決の方法を見方・考え方を働かせて積極的に考えようとすることができる（学びに向かう力，人間性等）

	○主な問い，学習活動・内容	◇指導の手立て □資料 ☆見方・考え方【】評価
つかむ	○ブラック企業に関わる資料や動画を見る 問い ブラック企業とはどのようなものだろう	□ニュース映像や新聞記事など ◇ブラック企業とは，①正社員で大量募集，②入社後も選抜が続く体質，③異常な長時間労働や残業代の不払い，④解雇せずに辞めるように仕向けるなどの特徴があることおさえる
	〔学習課題〕　ブラック企業はなくせるか	
	問い なぜブラック企業が生まれるのだろう	◇短期的な利益を追求し，労働をコストと考える企業の存在，仕事にありつくためには不利な条件であっても受け入れようとする労働者の存在をおさえる
考える	問い 市場経済のもとでは仕方ないのだろうか	◇企業が社会にコストを転嫁しているだけに過ぎず，ずるをして公正な競争を妨げて，市場の働きをダメにしており市場経済のしくみにはむしろ反することをおさえる
	問い 市場の働きが機能しなくなっているときにはどうすればよいか ○政府が規制などによって機能を取り戻す	◇独占の授業を想起させる ◇労働基準法，最低賃金法などで労働条件が守られるようになっていることをおさえる
	問い なぜ不利な条件でも働こうとするのか	◇労働も商品と同じように需要と供給で賃金が決まるしくみであることを説明する
	問い 商品と労働の違いは何か ○生活がかかっているため弱い立場の労働者	◇商品と異なる扱いが必要であることをおさえる

第2章 「見方・考え方」を育てる中学公民授業モデル

	は自由に契約ができない，一定以下の条件では生活できないなど，特別な規制が必要である 問い 本来労働によって賃金を得るとはどういうことか ○労働者と経営者は得意なことを分業して交換しているのであり，得た果実を分け合う関係である	◇憲法の学習と結びつける ◇法律を知らないことで自分が悪いと思わされていることが多いことをおさえる ☆分業と交換 ◇得意なことを分業し合うことで全体の生産が増えることに気づかせる ◇ブラック労働は成長につながる分業と交換に悪影響を与えている
いかす	問い 経済の見方・考え方を用いて「働き方改革」を提案しよう	☆効率と公正 【効率と公正，分業と交換を用いて考えることができているか】

　ブラック企業やサービス残業などの，労働者への負担を強いる企業の姿勢は，市場経済のもとでの利潤追求のためには仕方のないことだと思われてしまいがちです。しかし，経済学的には，長時間労働は生産性を下げるだけで成長や豊かさにはつながらず，ブラック企業は不公正な競争によって市場経済のよさを失わせる行為であるといえます。労働者の権利としての視点に加えて，前時までの学習を活かして，市場競争のよさをどのように活かしていくかという視点からブラック企業という社会の問題を読み説いていきます。授業で学んだ専門知を活かして社会の課題を解決するための道筋が見えてくるような授業にしたいです。

★チャレンジ もっと 主 対 深

学習課題　行動経済学にチャレンジ・ナッジで問題解決！

○学習課題のポイント

　経済の見方・考え方は，私たちが常に個人として最適な（無駄のない）行動をしようとしていることに気づかせてくれます。近年，行動経済学が明らかにした，私たちが無意識のうちにインセンティブ（誘因）に導かれていること，そのときに単に合理的に得をする方を選んでいるのではなくクセがあること，などの知見を基に問題解決を図る「ナッジ」（肘で軽くこづくという意味）という考え方が注目されています。法律などによる強制や，給付金や罰金のような金銭的なインセンティブではなく人間の心理のクセを利用することで，エレベーターの使用を抑制したいとき，階段の一段一段にカロリー数を表示したり，ピアノの鍵盤の色に塗り替えたりするとすすんで階段を利用する人が増える，といった例が知られています。身近な問題をナッジで解決するアイデアを考えさせることで，自分たちが普段無意識に行っている選択について意識させ，人間は大抵，自分にとって最適な行動を選択していても，同時に損得だけで動いているわけでもないこと，それを前提にした社会のしくみが必要なことなどに気づかせたいです。

○予想される学びの姿

　身近な生活の中の問題解決に取り組むことで，自分の問題として積極的に取り組むことや，心がけや罰以外にも解決策があるかもしれないことに気づき，「〜すべき」だけでは解決が難しい社会の問題について柔軟に考えるきっかけになることが期待されます。

○活用できる教材

　省エネ実績の可視化，TVショッピング（利用されている側の視点から）

（阿部　哲久）

B 私たちと経済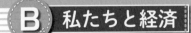

(2) 単元名：国民の生活と政府の役割（計6時間）

政府の経済的役割を考察，構想し，表現する学習
──「豊かなくらし」の実現に向けた政府の役割とは何か

1 単元目標

①【知識及び技能】

社会資本の整備，少子高齢社会における社会保障の充実・安定化などについて諸資料を的確に読み取り，理解できるようにする。

財政及び租税の意義，国民の納税の義務などについて諸資料を的確に読み取り，理解できるようにする。

②【思考力，判断力，表現力等】

国や地方公共団体が果たしている経済的役割について対立と合意，効率と公正，分業と交換，希少性，持続可能性などの視点や複数の立場をふまえて考察・構想し，その過程や結果を表現できるようにする。

持続可能な財政及び租税のあり方について対立と合意，効率と公正，分業と交換，希少性などの視点やさまざまな立場から考察し，その過程や結果を表現できるようにする。

③【学びに向かう力，人間性等】

国民の生活と福祉の向上を図ることに向けて，国や地方公共団体が果たしている経済的役割について関心を高め，諸課題を他者と協働して意欲的に追究する態度を養う。

2 めざす子ども像～こんな姿に～

国民の生活と福祉に大きな影響を与える国や地方公共団体の経済活動の諸課題を一人ひとりが経済的主体として捉え，よりよい社会の構築に向けて，他者と協働して追究したり，解決したりすることのできる子ども。

少子高齢化が進行する中で，持続可能な財政及び租税のあり方を経済などに関わる多様な視点に着目して考察，複数の立場や意見をふまえて構想し，その過程や結果を表現することのできる子ども。

3 単元構想

(1) 「持続可能な社会の創り手」の育成

　現在，国や地方公共団体に求められる経済活動は多様化し，税収だけでは財政活動が維持できず，将来世代の負担となる借金（公債金）に依存する状況が続いています。財政の持続可能性に対する不安感や政府の財政運営に対する不信感が増大し，財政の健全化が強く求められている中，平成29年版中学校学習指導要領前文では，これからの学校について「一人一人の生徒が，自分のよさや可能性を認識するとともに，あらゆる他者を価値のある存在として尊重し，多様な人々と協働しながら様々な社会的変化を乗り越え，豊かな人生を切り拓き，持続可能な社会の創り手となることができるようにすることが求められる」としています。

　本単元は，同学習指導要領社会科公民的分野の目標及び内容「B　私たちと経済」の「(2)国民の生活と政府の役割」に基づいて構成したものです。市場の働きに委ねることが難しい諸問題に関して，国や地方公共団体が果たす役割について多面的・多角的に考察，構想し，表現できるようにすること，財政及び租税の役割について多面的・多角的に考察し，表現できるようにすることを主なねらいとしています。国や地方公共団体の経済活動について関心を高め，他者と協働して諸課題を追究したり，解決したりする活動に取り組む本単元の学習は，「持続可能な社会の創り手」の育成に資するものであると考えます。

(2) 「現代社会の見方・考え方」を働かせる学習

　本単元の指導にあたっては，国や地方公共団体の経済活動に関する諸資料を有効に活用し，国や地方公共団体が果たしている経済的役割，持続可能な財政及び租税のあり方について，経済などに関わる多様な視点に着目して考察，複数の立場や意見を踏まえて構想し，その過程や結果を表現する活動を重視しました。特に構想したことの妥当性や効果，実現可能性などを指標として議論する力を育むことを主なねらいとしました。

　各授業では，「国や地方公共団体の経済活動は，国民の生活と福祉にどのような影響を与えているのか」，「社会保障制度を持続可能なものにするためには，将来の世代の受益と負担をどのようにすべきか」，「少子高齢化が進行する中で，財源をどのように確保し，限られた財源をどのように配分するべきか」などの具体的な問いを設け，対立と合意，効率と公正，分業と交換，希少性，持続可能性などの視点を働かせて，他者と協働して諸課題を追究したり，解決したりする活動を展開することによって，「主体的・対話的で深い学び」の実現を目指しました。

④ 本単元で働かせたい「現代社会の見方・考え方」

単元を貫く課題	課題	主に働かせたい見方・考え方	身につけることの例	
			知識・技能	思考・判断・表現
国民の生活と福祉の向上を図るために，国や地方公共団体はどのような経済的役割を果たしているのか	市場経済において政府はどのような経済的役割を果たしているのか	対立と合意 効率と公正 分業と交換 希少性	身近な社会資本や公共サービスを調べ，財政のしくみや役割を理解できること	財政の機能を多面的・多角的に考察・構想し，過程や結果を表現できること
	租税にはどのような意義と役割があるのか	対立と合意 効率と公正 希少性 持続可能性	税金の種類や税制のしくみについて諸資料を的確に読み取り，理解できること	望ましい租税のあり方を多面的・多角的に考察・構想し，表現できること
	国の財政はどのような状況にあり，どのような課題があるのか	対立と合意 効率と公正 希少性 持続可能性	歳入と歳出，国債発行と負担について諸資料を的確に読み取り，理解できること	国の財政の課題を多面的・多角的に考察・構想し，表現できること
	地方財政はどのような状況にあり，どのような課題があるのか	対立と合意 効率と公正 希少性 持続可能性	地方公共団体の財源と使い道について諸資料を的確に読み取り，理解できること	地方財政の課題と今後のあり方を多面的・多角的に考察・構想し，表現できること
	社会保障制度はどのような役割を果たし，どのような課題があるのか	対立と合意 効率と公正 希少性 持続可能性	社会保障の基本的な考え方と日本の制度について諸資料を的確に読み取り，理解できること	世代間の受益と負担を考慮した制度のあり方を多面的・多角的に考察・構想し，表現できること
	少子高齢社会において財源をどのように配分すれば国民の生活と福祉が向上するのか	対立と合意 効率と公正 分業と交換 希少性 持続可能性	少子高齢化の進行と財政状況の悪化の関係について諸資料を的確に読み取り，理解できること	少子高齢社会における財源の確保と配分のあり方を多面的・多角的に考察・構想し，表現できること

5 単元のすすめ方

第1時　学習課題「市場経済において政府はどのような経済的役割を果たしているのか」

	○主な問い，学習活動・内容	◇指導の手立て　□資料 ☆見方・考え方　【　】評価
つかむ	問い　政府はどこから資金を調達し，何を提供しているのか ○財政のしくみや役割を確認することを通して，本時の学習課題を把握する	◇家計や企業との関係から政府の経済活動の収支を捉えさせる □経済主体と経済循環を表した図 ☆効率と公正，分業と交換
	〔学習課題〕　市場経済において政府はどのような経済的役割を果たしているのか	
調べる	問い　財政の三つの機能とは何か ○教科書の本文を基に，資源配分の調整，所得の再分配，経済の安定化を読み取り，それぞれの目的と方法をまとめる	◇日常生活において政府の経済活動が果たしている役割が大きいことに気づかせる ◇景気変動と財政政策との関連に気づかせる ☆効率と公正，希少性
いかす	問い　なぜ政府は民間企業でも供給できる財やサービスを提供しているのか ○政府が供給することの必要性を班で話し合い，発表する 問い　新幹線の建設費用は誰が負担すべきなのか ○社会資本の費用負担のあり方について班で話し合い，発表する	◇社会資本や公共サービスは民間企業に任せるだけでは十分に供給されないことに気づかせる ☆効率と公正，希少性，持続可能性 ◇鉄道会社，国や沿線の地方公共団体，駅から遠い住民の各立場から考察・判断し，それぞれの根拠を明確にして発表させる ☆対立と合意，効率と公正，希少性
まとめる	○本時の学習を振り返り，自己評価する	◇新たな気づきや疑問を確認させる

第2時　学習課題「租税にはどのような意義と役割があるのか」

	○主な問い，学習活動・内容	◇指導の手立て　□資料 ☆見方・考え方　【　】評価
つかむ	問い　税金は何に使われているのか ○社会資本や公共サービスを再確認することを通して，本時の学習課題を把握する	◇自分たちの生活と税金との関わり（上下水道，道路・信号，学校・教科書，農業の支援，警察・消防など）を想起させる □文部科学省『子供の学習費調査』など

		○主な問い，学習活動・内容	◇指導の手立て □資料 ☆見方・考え方 【 】評価
		〔学習課題〕 租税にはどのような意義と役割があるのか	
調べる		問い　日本はどのような租税体系になっているのか ○資料を読み取り，課税ベース，課税主体，直接税・間接税によって分類する ○主な国の直間比率を比較する	◇納税義務者と担税者，所得税の累進課税制度，消費税の逆進性，タックスミックス，マイナンバー制度を補足説明する ◇直間比率を比較し，特色を捉えさせる ☆効率と公正，希少性，持続可能性
いかす		問い　望ましい税の条件とは何か ○所得税と消費税の特徴を比較し，望ましい租税のあり方について班で話し合い，発表する	◇公平性，簡素性の観点から考察・判断し，それぞれの根拠を明確にして発表させる ◇公平には複数の捉え方があると気付かせる ☆対立と合意，効率と公正，持続可能性
まとめる		○本時の学習を振り返り，自己評価する	◇新たな気づきや疑問を確認させる

第3時　学習課題「国の財政はどのような状況にあり，どのような課題があるのか」

	○主な問い，学習活動・内容	◇指導の手立て □資料 ☆見方・考え方 【 】評価
つかむ	問い　日本の財政を家計に例えたらどのような状況なのか ○日本の一般会計を手取り月収30万円の家計に例え，毎月新しい借金をしている状況を知ることを通して，本時の学習課題を把握する	◇借金をして，現在の生活水準を維持していること，返済のための新たな借金の負担を将来世代に負わせていることに気づかせる □財務省『日本の財政関係資料』 ☆効率と公正，希少性，持続可能性
	〔学習課題〕　国の財政はどのような状況にあり，どのような課題があるのか	
調べる	問い　国の一般会計予算はどのような状況にあるのか ○財務省の資料を基に，一般会計の歳出・歳入の総額と内訳を読み取り，まとめる 問い　なぜ財政状況は悪化したのか ○財務省の資料を基に，戦後における財政（歳入，税収，債務残高，新規国債発行額）の変遷，歳出の主要経費別推移と歳入の主要科目別推移を読み取り，まとめる	◇歳出の約$\frac{3}{4}$は社会保障関係費等，歳入の約$\frac{1}{3}$は公債金が占めていることに気づかせる ◇会計年度，一般会計予算と特別会計予算，本予算と補正予算，財政投融資，建設国債と特例国債，復興債を補足説明する ◇日本の財政状況を悪化させる要因となった歴史的事象を確認し，それぞれの時代の特色を捉えさせる □財務省『財政金融統計月報（予算特集）』『日本の財政関係資料』
いかす	問い　国債に依存する財政の課題とは何か	◇政策の自由度，企業の資金調達への影響，

	○財政状況に関する国際比較の資料を基に，国債依存度の高い日本の財政の課題について班で話し合い，発表する	世代間の公平の各面から考察・判断し，それぞれの根拠を明確にして発表させる □ OECD『財政収支の国際比較』，IMF『債務残高の国際比較』 ☆対立と合意，希少性，持続可能性
まとめる	○本時の学習を振り返り，学びの深まりを自己評価する	◇新たな気づきや疑問を確認させる

第4時　学習課題「地方財政はどのような状況にあり，どのような課題があるのか」

	○主な問い，学習活動・内容	◇指導の手立て　□資料 ☆見方・考え方【　】評価
つかむ	問い　なぜふるさと納税制度が創設されたか ○クラウドファンディング型ふるさと納税の活用事例から地域社会を支える財政のあり方を考えることを通して，本時の学習課題を把握する	◇ふるさと納税とは，自分の選んだ地方公共団体に対する寄附であり，返礼品のある場合とない場合があることを確認させる □総務省『ふるさと納税活用事例集』 ☆効率と公正，希少性，持続可能性
	〔学習課題〕　地方財政はどのような状況にあり，どのような課題があるのか	
調べる	問い　地方財政はどのようなしくみになっているのか ○総務省の資料を基に，国と地方の税財源配分と歳出割合，地方財政の歳入・目的別歳出の構成比，主な都道府県の歳入の総額と構成比を読み取り，まとめる	◇国と地方公共団体の財政面での関わりに気づかせる ◇地方交付税交付金と国庫支出金，自主財源と依存財源，三位一体の改革，自治体財政健全化法の制定，市町村合併を補足説明する □総務省『地方財政白書』『地方財政統計年報』
	問い　自分たちが住む市（区）町村の財政はどのような状況にあるのか ○市（区）町村の資料を基に，歳入・歳出の状況，重点施策を読み取り，まとめる	◇少子高齢化の進行によって民生費が増加していること，地方債の発行によって公債費の割合が増加していることに気づかせる □市（区）町村の財政，予算，施策の資料
いかす	問い　地域社会を活性化させるために，ふるさと納税を活用した事業案はどうあるべきか ○地域社会の特色を生かし，課題の解決に資する事業案を班で話し合い，発表する ○各班の発表を発表シートで評価する	◇総務省『ふるさと納税活用事例集』の分類に従い，教育・子育て，まちづくり・スポーツ，文化・歴史，福祉，地域・産業振興，観光・交流，環境，安全・復興の中から分野を選択し，地域社会を活性化させる事業案を考

		察・判断し，趣旨や内容，期待する成果をできる限り具体的に提案させる ☆対立と合意，希少性，持続可能性
まとめる	○本時の学習を振り返り，学びの深まりを自己評価する	◇新たな気づきや疑問を確認させる

第5時　学習課題「社会保障制度はどのような役割を果たし，どのような課題があるのか」

	○主な問い，学習活動・内容	◇指導の手立て　□資料 ☆見方・考え方　【　】評価
つかむ	問い　貯金，医療保険，生活保護の違いは何か ○自助，共助，公助の違いから社会保障の理念を考えることをとおして，本時の学習課題を把握する	◇生活上直面するどのようなリスクに対して，誰が費用を負担しているのかに着目させる ◇日本国憲法第25条①を参照させて，社会保障制度が憲法に基づいて整備されていることを確認させる ☆効率と公正
	〔学習課題〕　社会保障制度はどのような役割を果たし，どのような課題があるのか	
調べる	問い　日本の社会保障制度はどのようなしくみになっているのか ○教科書の本文や厚生労働省の資料を基に，4つの柱とそれぞれの制度・財源を読み取り，まとめる 問い　社会保障の給付と負担はどのような状況にあるのか ○教科書や厚生労働省の資料を基に，社会保障の給付と負担の現状を読み取り，ライフサイクルでみた社会保障の給付と負担のイメージを把握し，まとめる	◇日本国憲法第25条②の「社会保障」とは社会保険と公的扶助の施策を表すことを補足説明し，社会福祉，公衆衛生と合わせて4つの柱があることを確認させる □厚生労働省「わたしたちの生活と社会保障」『身近な社会保障を学んでいく』 ◇少子高齢化の進行によって社会保障給付費が増加していること，社会保障の給付は社会保険料と税によって支えられていることに気づかせる □厚生労働省『政府の役割と社会保障』 　内閣府・OECD『国民負担率の国際比較』
いかす	問い　社会保障の充実・安定化のために，国民負担はどうあるべきか ○受益と負担の均衡や世代間の調和が取れた社会保障制度のあり方について班で話し合い，発表する	◇高福祉・高負担か，低福祉・低負担かを若者世代，子育て世代，年金世代の各立場から考察・判断し，それぞれの根拠を明確にして発表させる ☆対立と合意，希少性，持続可能性

まとめる	○本時の学習を振り返り，学びの深まりを自己評価する	◇新たな気づきや疑問を確認させる

第6時 学習課題「少子高齢社会において財源をどのように配分すれば国民の生活と福祉が向上するのか」

第6時の板書

```
少子高齢化と財政

少子高齢社会において財源をどのように配分すれば国民の生活と福祉が向上するのか

○少子高齢化の影響              ○少子高齢社会における予算案
  歳出：社会保障関係費，           ① 現在・15年後・50年後 の社会が
       国債費の増加                                             となるよう
    ※財政の硬直化              ②歳入では「税金・保険料」を 増額・減額・現状維持
  歳入：公債金に依存               歳出では「　年　金　」を 増額・減額・現状維持
    ※世代間の公平                      「　医　療　」を 増額・減額・現状維持
                                    「子育て・教育」を 増額・減額・現状維持
```

ここが 主 対 深

効率と公正，希少性などの視点や財務大臣や現役世代などの立場をふまえて，他者と協働的に考察，構想，表現することにより，「主体的・対話的で深い学び」を実現します。

○第6時の目標

・少子高齢化の進行と財政状況の悪化の関係を諸資料を読み取り，理解できる（知識及び技能）

・少子高齢社会の財源確保，配分を多面的・多角的に考察・構想し，過程や結果を表現できる（思考力，判断力，表現力等）

・持続可能な財政実現のため，受益と負担のバランスへの関心を高め，財源確保と配分のあり方を意欲的に追究することができる（学びに向かう力，人間性等）

	○主な問い，学習活動・内容	◇指導の手立て □資料 ☆見方・考え方 【 】評価
つかむ	問い 少子高齢化の進行は財政にどのような影響を及ぼしたのか ○少子高齢化の進行と財政状況の悪化の関係を読み取ることを通して，本時の学習課題を把握する	◇少子高齢化の進行，財政状況の推移を想起させる ◇社会保障給付費には少子化対策費も含まれていることを補足説明する □国立社会保障・人口問題研究所『日本の将来推計人口』，財務省『日本の財政関係資料』 ☆効率と公正，希少性，持続可能性
	〔学習課題〕 少子高齢社会において財源をどのように配分すれば国民の生活と福祉が向上するのか	
いかす	問い 少子高齢社会における国の予算はどうあるべきか ○各班で総理大臣，官房長官，財務大臣，厚生労働大臣，現役世代，高齢世代の各役割を決める ○各役割に分かれて「役割別会議」を開き，歳入は「税金・保険料」，歳出は「年金」「医療」「子育て・教育」の増額・減額・現状維持の選択を話し合い，まとめる ○各役割は各自の班に戻って「時代別会議」を開き，歳入は「税金・保険料」，歳出は「年金」「医療」「子育て・教育」の増額・減額・現状維持の選択を話し合い，発表する ○各班の発表を発表シートで評価する	◇総理大臣は全体の調整役，官房長官は総理大臣の補佐役，財務大臣は財政収支のバランスを重視，厚生労働大臣は安定した社会保障を重視，現役世代は税金を少なく，高齢世代は社会保障を充実という立場であることを確認させる ◇各役割の立場を優先した予算案を考察・判断し，それぞれの根拠を明確にしてまとめさせる ☆対立と合意，分業と交換，希少性，持続可能性 ◇「現在」は15歳，「15年後」は30歳，「50年後」は65歳の各年代を想定した予算案を考察・判断し，それぞれの根拠を明確にして発表させる ☆対立と合意，効率と公正，希少性，持続可能性
まとめる	○本時の学習を振り返り，学びの深まりを自己評価する	◇新たな気づきや疑問を確認させる

★チャレンジ もっと 主 対 深

学習課題　持続可能な財政・租税のあり方について専門家・関係諸機関からの助言を受けて認識を深めよう

○学習課題のポイント

　平成29年版中学校学習指導要領前文に示された「社会に開かれた教育課程」の実現に向けて，公民的分野「内容の取扱い」では配慮する事項の１つに「分野の内容に関係する専門家や関係諸機関などと円滑な連携・協働を図り，社会との関わりを意識した課題を追究したり解決したりする活動を充実させること」をあげています。外部との連携・協働による学習活動を充実させるためには，事前に「授業のねらいを明確にし，役割分担を確認し，育成を目指す資質・能力について共有する」，事後には「外部人材と反省をしたり，外部人材から評価を受けたりする」などの適切な打合せを実施することが不可欠です。

○予想される学びの姿

　外部との連携・協働による学習活動に取り組んだ子どもの感想には「講師の方からの意見や提案がとても参考になった」「班での話し合いが行き詰まったときに講師の方が助言をしてくださり，効率よく進めることができた」「自分たちがいい案と思っても，プロの人が見るといろいろな問題点が見つかった」などがありました。外部との連携・協働によって社会的事象に関わる課題を追究したり，解決したりする学習活動は，より一層質の高い「主体的・対話的で深い学び」につながると考えます。

○活用できる教材

・財務省「財政教育プログラム」（最寄りの財務局に申し込む）
・租税教育推進協議会「租税教室」（最寄りの税務署総務課，税理士会などに申し込む）
・財務省『日本の財政関係資料』『これからの日本のために財政を考える』『もっと知りたい税のこと』など（財務省ウェブサイトからPDFファイルのダウンロードが可能）

（佐藤　央隆）

C 私たちと政治

(1) 単元名：日本国憲法と私たち（計5時間）

"平和"の意味を捉え直す公民学習
―― 真の平和とはどのようなものだろうか

1 単元目標

① 【知識及び技能】

日本国憲法の前文や第9条，戦時中の手記の内容をふまえ，平和主義が掲げられた意義や，当時の日本国民の思いや願いを理解できるようにする。

② 【思考力，判断力，表現力等】

戦時中の手記の中に"平和"という言葉が全くない事実に着目し，過去と現代における平和の意味について，多面的・多角的に考察し，表現できるようにする。

③ 【学びに向かう力，人間性等】

紛争がなくならない国際社会において，平和の尊さと日本の果たすべき役割を知った上で，よりよい平和な社会を実現しようとする態度を養う。

2 めざす子ども像〜こんな姿に〜

第二次世界大戦では，軍人軍属に限らず民間人もが大量に殺戮され，さらには，一切を消滅させる核兵器が実際に日本に対して使用されました。

大戦を経て，日本では日本国憲法が制定されました。前文には，平和的生存権の享有主体は「全世界の国民」と記されています。また，第9条は，"武力による威嚇又は武力の行使は，国際紛争を解決する手段としては，永久にこれを放棄する"とされ，裏返せば，"武力以外のあらゆる手段を用いて国際紛争を解決する"という積極的かつ能動的な条文となっています。

人間が生きていくうえで，また，生活を営むうえで直面するさまざまな紛争，対立，葛藤を非暴力的方法によって克服し，あらゆる暴力の存在しない積極的平和の実現したコミュニティを，他者との共生と連帯・協力によって創造する。このような「生き方の原理」とその方法の獲得を教育の場で実践することをねらい，以下のような子どもをめざしました。

> 第二次世界大戦末期に行われた神風特別攻撃隊の隊員の手記や辞世の句から，彼らが戦争の先に望んでいたものが今に生きる自分が考える平和とは異なることを感じ取り，平和とは一体どんなものなのかを改めて追究し，今に生きる自分にできることを考えていく子

3 単元構想

(1) 社会科としての学び

　本単元は，戦時中の神風特別攻撃隊の手記や辞世の句から，日本国憲法に平和主義が掲げられた意義や，過去と現代における平和がどんなものだったのかを学習する単元です。
　神風特別攻撃隊とは，資源，人材に困窮し追い詰められた日本海軍が編成した航空機の特別攻撃隊であり，神風特攻隊，神風とも呼ばれました。特攻隊員は"泰平""永遠幸""安楽"などの言葉を残し出撃していきますが，そこには現代に生きる子どもが考える"平和"の意味とのずれがあります。日本国憲法の前文や第９条の内容と手記や辞世の句の内容を比較したり，関連づけたりしながら，平和の意味を考えることで，過去と現代を生きる人の生き様を捉えることができます。さらには，元特攻隊員や兵士，戦争体験者の戦争や平和に対する思いに迫る中で，現在の日本に生きる者として平和の捉え方を見直し，平和の尊さを後世に残す，世界へと発信して未来へとつなぐために自分にできることを考え，行動に移させたいです。そこで，単元を貫く課題を「戦時中の人々の考える平和とはどのようなものだったのだろうか」と設定し，過去と現代における平和について追究していきます。その中で，公民的な見方・考え方を働かせることで多面的・多角的に思考することができると考えました。

(2) 子どもの学びを支える教師の営み

　みつめる段階では，日本国憲法の三大原則について考えます。その中でも，平和主義を取りあげ，神風特別攻撃隊として出撃した隊員の顔写真や手記，敵艦に突撃していく映像を提示します。自分の命を犠牲にする特攻隊の存在に，思いや考えが揺さぶられ，なぜこのような部隊が存在したのかと神風特別攻撃隊について明らかにしようと追究をはじめます。
　生み出す段階では，特攻隊やその背景にある第二次世界大戦について調べる中で，特攻隊員の手記や辞世の句に込められた兵士の思いや考えを知ります。しかし，それと自分たちの考える平和との間にずれを感じ，当時の人々の思いや願いに迫っていこうとします。
　迫る段階では，元特攻隊員や兵士，戦争体験者への取材活動を行わせます。取材活動をとおして，戦争体験者がどんな気持ちで戦争と向き合っていたのか，平和の意味について明らかにしていきます。戦争体験者と今を生きる自分が考える平和の捉え方が違うことを実感し，今に生きる自分たちが今や未来の平和について考えていかなければいけないと捉えます。
　つなげる段階では，戦争の悲惨さや平和の大切さを改めて実感した子どもに，現代や未来に目を向け，恒久平和を求める日本に生きる一人としてこれからめざしていく平和を改めて考えさせます。そして，平和の尊さを後世に残したり，平和な世の中を未来へとつなげたりする術はないかと探りはじめ，自分にできることを考えて社会へと発信していきます。

④ 本単元で働かせたい「現代社会の見方・考え方」

単元を貫く課題	課題	主に働かせたい見方・考え方	身につけることの例	
			知識・技能	思考・判断・表現
戦時中の人々の考える平和とはどのようなものだったのだろうか	命を懸けた攻撃なのに，なぜ笑顔でいられたのか	個人の尊重	日本国憲法の前文と第9条の内容，戦時中に結成された神風特別攻撃隊の意義がわかる	日本国憲法の三大原則，特に平和主義の特徴を考えることができる。神風特別攻撃隊の意義と戦争を結びつけて表現することができる
	なぜ手記や遺書に"平和"という言葉がないのだろうか	自由と責任 比較・関連	現代の日本の平和主義の特徴や，戦時中の手記や辞世の句から当時の様子がわかる	平和という言葉の意味について考えることができる。戦時中では，自分たちが考える平和の意味とのずれがあることを捉えることができる
	戦時中と現代では，平和の捉え方に大きな違いがあるのだろうか①	比較・関連	現代と戦時中の平和の意味がわかる	個人追究からわかったことを基に，現代と戦時中のそれぞれの平和の意味を，考えることができる
	戦時中と現代では，平和の捉え方に大きな違いがあるのだろうか②	比較・関連	現代と戦時中の平和の意味をまとめることができる	現代と戦時中の平和の意味を捉え，自分の思い，考えを表現することができる
	戦時中の人々の考える平和とはどのようなものだったのだろうか	権利と義務	平和の意味を多面的・多角的に考えることができる	平和の意味を改めて捉え直すことができる。これからめざしていくべき世界や平和を考えることができる

5 単元のすすめ方

第1時　学習課題「命を懸けた攻撃なのに、なぜ笑顔でいられたのか」

・憲法の前文と平和主義について考える

　最初に，教科書に掲載されている日本国憲法の前文を読みます。そして，「この前文が伝えたいことは何だろうか」という問いを立て，意見交流をします。子どもは，難解な語句に注目しながら，書かれた内容を調べはじめる中で，「国民主権」と「平和主義」について書かれていることに気づきます。そして，「基本的人権の尊重」を加えたものが，日本国憲法の三大原則であることを理解していきます。

・単元を貫く課題を設定し，追究の視点をもつ

　「ヒューン，ビューン」「ドッカーン」，子どもは，映像を視聴します。目の前にある画面には，次から次へと戦闘機が戦艦に突撃していく様子が映し出されています。戦艦にぶつかるもの，途中で撃ち落とされるもの，海に落ちていくもの，映画のワンシーンかと錯覚するようです。しかし，それが神風特別攻撃隊と呼ばれていたものであり，また，実際の映像であることを知り，子どもは衝撃を受けます。そこで，教師は「命を懸けた攻撃であるはずなのに，なぜ，特攻隊員は笑顔でいられたのか」という問いを立て，感想を交流する時間を設けます。

> C1：映像で見たように命を失う可能性が高いのに，笑顔でいられることが信じられない。
> C2：短い映像からも戦争の悲しみが伝わってきた。「天皇陛下万歳」や戦地に向かうことを喜びと思うなど，昔の日本は平和とは程遠い。
> C3：特攻隊員はどのような思いだったのかという疑問がある。口では「お国のため」といいながらも，本当は戦争なんかしたくないと思っていたのではないだろうか。
>
> （授業記録より）

　子どもは，学級の仲間と感想を交流する中で，特攻隊員が自分たちと同年代であることに驚くと共に，笑顔で戦地に向かう特攻隊員の姿に耐えられなくなります。さらに，日本国憲法の三大原則である平和主義とは程遠い時代に思いを馳せます。これにより，単元を貫く課題「戦時中の人々の考える平和とはどのようなものだったのだろうか」の設定をします。

笑顔の神風特別攻撃隊員

> ### ここが 主 対 深
>
> 　　子どもが感想を交流し合う中で、平和の意味に焦点化し、単元を貫く課題として設定します。子どもは平和の意味を知りたいと思い、これにより自ら動きはじめる「主体的な学び」が生まれます。

第1時の板書

第2時　学習課題「なぜ手記や遺書に"平和"という言葉がないのだろうか」

　戦時中と現代の平和に対する感覚のずれに迫ることが、本時の目標です。平和主義とはかけ離れた状況下にある日本に興味を抱いた子どもは、特別攻撃を行うことになった理由や出発前に笑顔でいられた特攻隊員の気持ちを明らかにしたいと考えます。そこで、教師は特攻隊員の手記や遺書を配付します。子どもは、それらを読みながら、当時の日本と今の日本にある感覚のずれに気づいていきます。特に、今、自分たちが当たり前に使っている"平和"という言葉がないことに違和感を覚えたところで、教師は「なぜ手記や遺書には、"平和"という言葉がないのだろうか」という問いを立て、個人で追究する時間を設定します。

　子どもは、教科書や資料集、教師の自作資料を活用し、神風特別攻撃隊の編成された理由や、太平洋戦争末期の状況について調べます。兵士が不足し資源も枯渇し、若い少年兵による最後の突撃として、神風特別攻撃隊が編成されたことがわかります。また、この太平洋戦争において、日本兵士の中に「お国のため」「天皇陛下万歳」という言葉が広がり、自分の命を犠牲にするさまざまな作戦があったことを知ります。そこで教師は、それらの個人追究の内容を書かせたカードを掲示ボードに貼る時間を設定します。子どもは、自分の追究内容を掲示ボードのどの部分に貼るべきかと考えることによって、

追究内容カードを貼ったボード

学級の中における自分の追究内容を位置づけられるようになります。さらに，仲間の追究内容を知ることで，さまざまな見方・考え方を働かせながら，追究対象を捉えることができるようになります。

> **ここが 主 対 深**
>
> 　子どもは追究内容を掲示ボードに貼る活動をとおして，「自分とは逆の立場から追究したのはなぜか」「この考え方は全く思いつかなかった」と，自分と仲間の考えを関わらせます。そして，自分の考えを広げ深める「対話的な学び」が生まれます。

第3時　学習課題「戦時中と現代では，平和の捉え方に大きな違いがあるのだろうか①」
　個人追究からわかったことを基に，現代と戦時中のそれぞれの平和の意味を考えることが，本時の目標です。子どもは，掲示ボードをとおした情報交換をきっかけに，本音では戦争に参加したいとは思っていなかったのではないか，当時の人にも人間らしい部分はあったのではないかと考え，自分と仲間と思いや考えを関わらせたいと思います。そこで，教師は学級全体での対話の時間を設けます。

Ｃ４：遺書をいろいろ読んだけれど，平和という言葉はどこにもなかった。
Ｃ５：遺書について調べてみて，隊員たちは自分のために戦ったのではなく，本当は家族とか大切な人のために戦ったとわかった。
Ｃ６：貧しい人もいて，家族を思い，お金を稼ぐために兵隊に入った人もいた。
Ｃ７：遺書ではお国のためとかいっているけれど，本当は違ったのではないかと思う。だから，本当の思いやその時の出来事など，本当にあったことを聞いてみたい。
Ｃ８：特攻隊員の中には，家族や友人など，大切な人を思って戦った人もいる。本当は死にたくない，戦争なんてなくなればいいと考えていた人もいたと思う。

（授業記録より）

　対話の場面では，遺書の検閲の影響，書かれている泰平という言葉の意味など，遺書から気づいたことが発表されます。そして，平和という言葉が書かれていないことに気づいているＣ４が発言したとき，教師はＣ５の意見を取りあげ，問題を焦点化します。Ｃ８は「特攻隊員は家族や友人など大切な人を思って戦った」と遺書から読み取った特攻隊員の思いについて発言します。この対話を通して，子どもは，遺書には書かれていない特攻隊員の本音に対する思いを強めていきます。そして，戦時中の人々の思いにもっと迫りたい，戦争や平和とどう向き合

っていたのかという本当の思いをより深く知りたいと考えます。子どもは，教科書や資料集からもっと見つけられないか，戦争体験者から話を聞くことができないかと考え，さらに追究しはじめます。

> **●ここが　主　対　深　●**
>
> 　子どもが意見交流する中で，C5の考えを取りあげ，兵士の思いに問題を焦点化します。子どもは平和の意味や当時の人々の本当の思いを知りたいと考え，自らの考えをさらに広げ深める必要性を実感し，「深い学び」を実現します。

第3時の板書

第4時　学習課題「戦時中と現代では，平和の捉え方に大きな違いがあるのだろうか②」

　現代と戦時中の平和の意味を捉え，自分の思いや考えを表現することが，本時の目標です。平和の意味や戦時中の人々の本当の思いに迫りたいと考えた子どもは，さらなる追究に動き出します。そこで，教師は戦争体験者の話をまとめた自作資料を配付したり，取材（電話，メール，訪問など）を推奨したりします。かつて豊川海軍工廠で働き，戦争体験の語り部をしている方を取材することにした子どもは，取材をとおして，毎日空襲の恐怖に脅えながら生活していた当時の人々のくらしを知ります。また，出兵する兵士に対しては，たとえ家族であっても，決してつらい気持ちを伝えられなかったこと，大切な家族と一緒にいたいと日々願っていたことなどを知ります。この取材をとおして，子どもは戦時中の人々にとっての平和は，戦争がないことではなく，今の幸せに

取材先一覧

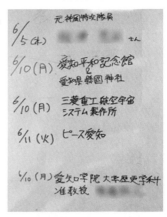

近いものがあったと考えるようになっていきます。

それぞれの子どもが元特攻隊員や戦争体験者への取材を行い，平和について考えをもちます。そこで教師は，各自の取材内容や平和についての考えをまとめさせ，教室内に掲示します。更に，それらを読み合う中で互いの考えを関わらせます。

子どもの追究まとめとその掲示

子どもは，追究まとめを読み合う交流を通して，現代と戦時中の平和の意味をさまざまな側面から見たり，異なった立場から見たり，違った捉え方をしたりしようとします。こうして，平和の意味を多面的・多角的に捉えていくことにつながります。子どもは，当時の平和を今の自分たちにとっての平和とは，なんだか違うもののように感じます。そして，戦時中と現代では，平和の捉え方に大きな違いがあるという考えについて，仲間と対話をして，より深く考えていきたいという思いを抱き，仲間との対話に臨んでいきます。

第5時　学習課題「戦時中の人々の考える平和とはどのようなものだったのだろうか」
○第5時の目標
- 戦時中の様子や平和主義が掲げられた理由および平和の意味について理解できる（知識及び技能）
- 過去と現代における"平和"という言葉の意味について考察することができる（思考力，判断力，表現力等）
- 平和の尊さを実感した上で，よりよい平和な未来のために自分にできることを考えようとしている（学びに向かう力，人間性等）

対話の前半では，取材に基づいた平和についての自分の考えが出されます。その中で，C5とC9との発言がつながり，戦時中の人々が考える平和に視点が向きます。ここで教師は，C10とC8を指名し，戦時中と今の平和の捉え方のずれに問題を焦点化します。このことにより，未来の平和の姿を見据えた発言や昔と今の平和から，共通する部分と異なる部分を捉えた発言

が続きます。子どもは，戦時中と今では，平和の捉え方に違いがあると実感していきます。

　子どもは，この話し合いをとおして，現代社会では平和の捉え方も多様化していることに気づきます。しかし，時代と共に変わるものもありますが，変わらないものもあります。そして，「いつの時代でも変わらないものこそが大切である。改めて私たちにとって，自分にとっての平和を明らかにしていかないといけない」と考えはじめます。

　単元の最後に，教師は，これまでの学びを基に自分のあり方を見つめ直させます。子どもは，自分が知った神風特別攻撃隊の悲劇，そして，特攻隊員や家族が戦時中に抱いていた思い，さらには，今，生きて見える戦争体験者の思いを汲み取ることが大切だと考えます。そして，平和主義にあるように平和を語り継ぐ立場の自分たちが，今の平和とは何なのかを考え続け，完全な平和の実現に向けて努力していきたいという思いを抱きます。自分ができることは小さなことかもしれません。しかし，その小さな積み重ねが平和につながると子どもたちは信じています。

> C5：当時の人の平和，平和に対する思いというのは，取材した方の話によると，国家の安泰や家族が普通に生活できることだったそうだ。
> C9：昔の人は家族思いだった。軍人として働いているのだから，家族と一緒にいられない。今の自分たちの普通の生活が，当時の人にとっての平和だったのではないか。
> C10：当時の人々の考える平和と今の平和というのは別物のような気がする。当時の人からすれば，戦争を乗り越えて生きることが平和だったと思う。
> C8：今と昔では，平和の捉え方が違っていると思う。昔の人にとっての平和は自分や家族の幸せで，今の人にとっての平和とは違うと思う。
> T1：では，今の平和とは何でしょうか。
> C11：教育が平等に受けられて，戦争はだめだと教えられることが平和だと思う。
>
> （授業記録より）

第5時の板書

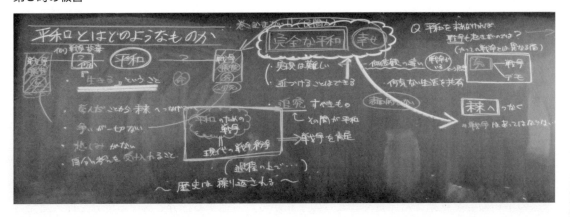

★チャレンジ もっと 主 対 深

学習課題　自分らしく生きるとは，どのようなことだろうか

○学習課題のポイント
　第1時で学習する日本国憲法の三大原則を受け，平和主義に焦点をあてていく流れではなく，基本的人権の尊重に焦点をあてていきます。三大原則を，より多面的・多角的に捉えることになり，日本国憲法の意義について主体的・対話的で深い学びが実現できます。

○予想される学びの姿
　この学習課題で育むことができるのは，子どもの人権意識です。子どもは，セクシャルマイノリティの人々の生きづらさを解消するための方法を考えることを通して，人権についての理解を深めます。現在，渋谷区を先がけとしてスタートしたパートナーシップ条例や，ジェンダーレストイレの設置など，当事者の人々のくらしを支えるしくみを充実させようという動きが注目されています。その一方で，生きづらさを解消するはずのしくみが，周囲からの認知度が低いことや受け入れがたいという意識から，かえって差別を助長するという側面を持ち合わせていることに気づきます。当事者の人々のくらしをとおして，男らしさや女らしさに対する価値観を見つめ直した子どもは，全ての人が自分らしく生きていくことのできる社会の実現に向けて，互いに尊重し合ってくらすことの大切さを実感でききます。

○活用できる教材
　教材としてセクシャルマイノリティを取りあげます。男や女という性別の枠組みを超え，「その人らしさ」を個性として考えていきます。世界中のあらゆる人々が，互いに尊重し合ってくらしていくことの大切さを知ります。そして，基本的人権の尊重の意義を実感することができるでしょう。

（安井　文一）

C 私たちと政治

(2) 単元名：地方自治と政治参加（計4時間）

民主政治の担い手としての自覚を養う公民学習
―― 地方自治を支えるのは誰？

1 単元目標

①【知識及び技能】
　地方自治の基本的な考え方や，地方公共団体のしくみや住民の権利や義務について理解できる。

②【思考力，判断力，表現力等】
　地方自治や我が国の民主政治のしくみへの理解を基に，個人の尊重と法の支配，民主主義などの見方・考え方を働かせながら，民主政治の推進と，公正な世論の形成や選挙など国民の政治参加と関連について多面的・多角的に考察，表現することができる。

③【学びに向かう力，人間性等】
　地方自治や我が国の民主政治の発展に寄与しようとする自覚や住民として自治を担おうとする意欲や態度を養う。

2 めざす子ども像～こんな姿に～

　我が国の民主政治のしくみや地方自治の考え方について理解し，民主主義の担い手としての自覚を持ち，「個人の尊重と法の支配」「民主主義」などの見方・考え方を働かせながら，民主政治の推進と，公正な世論の形成や選挙など国民の政治参加と関連について，多面的・多角的に考察，構想し，表現することができる子どもに。

③ 単元構想

「地方自治は民主主義の学校」というブライスの言葉があります。身近な地域の自治について考えさせることを通じて民主主義についての理解を深めることは重要ですが、子どもの関心は国政に比べて高くないのが実情でしょう。ユニークな条例を入り口にしながら、二元代表制や直接請求権などの地方自治の制度の特徴が住民自治の考え方を反映していることに気づかせます。全国にはさまざまなユニークな条例がありますが、その地域の課題解決や、特徴を活かした町づくりが意図されており、その背後には地域住民の思いが存在しています。この点を手がかりにして、子どもにも自分たちの地域の課題解決や、特徴を生かした町づくりについて構想させます。さらに構想したアイデアを民主的な手続きに従って実現する方法を調べさせることで、地方公共団体のしくみや住民自治の考え方に気づかせます。また、実現の方法はNPOやボランティアなど地方公共団体を通じたものだけではないことに気づかせることで、主体的に民主政治に参加する意欲を高めたいです。

④ 本単元で働かせたい「現代社会の見方・考え方」

単元を貫く課題	課題	主に働かせたい見方・考え方	身につけることの例	
			知識・技能	思考・判断・表現
地域の課題を解決するにはどうすればよいだろうか	・変わった条例はどのようにつくられたのだろうか ・住民の声を届けるには？ ・私たちの町の予算はいくら？ ・地域を支えていくのは誰？	個人の尊重 法の支配 民主主義 効率と公正	・住民自治の考え方が地方公共団体のしくみや働きを貫いている基本的な考え方である ・地方公共団体は、ともに住民から直接選出された首長と議会という二つの機関からなっている	・民主政治の推進と、公正な世論の形成や選挙など国民の政治参加との関連について多面的・多角的に考察、構想し、表現できる

5 単元のすすめ方

第1時　学習課題「変わった条例はどのようにつくられたのだろうか」

第1時の板書

```
変わった条例はどのようにつくられたのだろうか

○○条例，○○条例，○○条例          ○地方公共団体のしくみ
「朝ごはん条例」（青森県鶴田町）        ・首長              ・地方議会
・伝統的な食生活の問題              （市町村長・都道府県知事）（市町村議会，都道府県議会）
・地域住民の健康状態               　選挙で選出　選び方　選挙で選出
・地域住民による食生活改善           　議案提出，予算執行　仕事　条例の制定，予算の議決など
　の取り組み                       　再議，解散　　調整方法　　不信任
＝背景には地域の課題や住民の取り組み   ※地方自治の本旨（憲法92条）→住民自治
```

ここが 主 対 深

　地方自治のしくみについて調べる活動を通して，国と地方のしくみのさまざまな違いに気づく中で，「なぜ国と地方のしくみが大きく違うのだろう」と疑問を持つ場面で，主体的な学びが生まれます。

○第1時の目標

・地方公共団体の政治においても代表民主制のしくみが取り入れられているが，国政と異なる部分があることについて理解できる（知識及び技能）
・地方公共団体のしくみを基に，住民参加による住民自治の考え方に基づく地域住民の課題解決への関わりについて多面的・多角的に考察，表現することができる（思考力，判断力，表現力等）
・地方自治に関心を持ち，住民として地方自治に関わろうとする意欲を養う（学びに向かう力，人間性等）

	○主な問い，学習活動・内容	◇指導の手立て □資料 ☆見方・考え方【　】評価
つかむ	問い 「○○条例」を知っていますか？　全国の変わった条例を調べてみよう ○教科書や資料集，インターネットを使って全国の変わった条例について調べる	◇地域の特色につながる条例を例示する ◇法律の範囲内で地方公共団体によって制定されるものが条例であることをおさえる
	〔学習課題〕　変わった条例はどのようにつくられたのだろうか	
	問い　青森県鶴田町ではなぜ「朝ごはん条例」がつくられたのだろうか ○インターネットを使用して調べる ○地域の食生活の問題を改善するために作られた条例である ○条例に先駆けて地域の食生活の改善に取り組んできた人たちがいた	□「朝ごはん条例」の紹介記事 □鶴田町のHPなど ◇地域の問題に対して地域住民による自発的努力が生まれ，それを法に基づいて具現化する中で条例がつくられていることをおさえる ☆民主主義
	問い　条例はどのようにしてつくられるのか 問い　地方議会とはどのようなところか ○自分たちが住んでいる市町村の議会についてインターネットで調べる	◇会派（政党）が国政政党とは異なる場合が多いことに気づかせる
考える	問い　なぜ国会議員の会派（政党）とはちがうのだろう。国のしくみと地方のしくみにはどのような違いがあるだろうか ○地方公共団体は二元代表制であり，直接住民から選出された首長と議会が協力したり抑制したりしながら仕事をしている	□地方公共団体のしくみの図 ◇学習プリントなどを用意し効率的にすすめる ◇行政と立法の関係が国とは異なることに気づかせる ☆法の支配
	問い　国とは違うしくみになっているのはなぜだろう ○住民自身の手による住民自治の考え方が地方自治の本旨の一つとされており，住民による関わりがより強い制度になっている	□国と地方の仕事分担の表 ◇導入の事例を想起させ具体的に考えさせるようにする ☆民主主義
まとめる	問い　自分たちの地域でも地方公共団体に取	【地域の問題について住民として意欲的に考

| | り組んで欲しいことはあるか。それを実現するにはどうすればよいか | えようとしているか】 |

🍀①導入発問：「○○条例を知っていますか？」

　導入では子どもが関心を持ちそうなユニークな条例を選び，子どもに提示します。その上でさらにどんな個性的な条例があるか，教科書や資料集，インターネットなどで子ども自身に調べ，発表させることで関心と意欲を高めます。

🍀②主発問：「変わった条例はどのようにつくられたのだろうか」

　ここで，主発問を提示し，教材として具体例を提示します。ここでは青森県鶴田町の「朝ごはん条例」を例にしていますが，その他の条例を用いてもよいです。ただし，具体例を選ぶ際には「地域の課題に根ざした条例であること」「条例に関わるような地域の住民による自発的努力や働きかけなどがあること」を意識したいです。

🍀③補助発問：「朝ごはん条例はなぜつくられたのだろうか」

　「朝ごはん条例」は，伝統的に塩分摂取が多いなどの鶴田町の食生活の改善が意図されており，条例の制定に先立って地域では地域住民による食生活改善の取り組みが行われていました。

🍀④⑤補助発問：「条例はどのようにしてつくられるのか」
　　　　　　　「地方議会とはどのようなところか」

　このような背景に気づかせたところで条例がどのようにしてつくられるかを調べさせます。多くの子どもにとってはニュースなどで報じられることが少ない地方議会はなじみのない存在です。地方議会について調べることで，国政とは異なる政党の構成になっていることなどに気づかせて関心を高め，「なぜだろう？」という疑問を持たせたいです。

🍀⑥⑦整理する発問：「国のしくみと地方のしくみにはどのような違いがあるだろうか」
　　　　　　　　「国とは違うしくみになっているのはなぜだろう」

　国と地方のしくみのちがいに着目させながら地方自治のしくみについて整理していきます。首長と議会がそれぞれ住民から直接選出され，住民を直接代表する２つの機関が再議，不信任，解散などの制度によって抑制と均衡が図られる二元代表制は住民自治に基づく地方自治の特徴的なしくみであり，政党の構成にも影響を与えていることに気づかせます。

🍀⑧次時への発問：「自分たちの地域でも地方公共団体に取り組んで欲しいことはあるか，それを実現するにはどうすればよいか」

　住民の意見の反映を重視した地方自治の制度を学習したところで，ユニークな条例を再度想起させ，自分たちの住む地域に関わる課題や要望を考えさせます。住民の一員としての自覚を持たせると共に次時での直接請求権の学習につなげます。

第2時　学習課題「住民の声を届けるには？」

	○主な問い，学習活動・内容	◇指導の手立て　□資料 ☆見方・考え方　【　】評価
つかむ	問い　自分たちの住んでいる地域を盛り上げるために条例を提案しよう 問い　どうすれば実現するだろう	◇グループごとに，地域の特色を活かした条例を考えさせる。テーマパークをつくりたいなどの一面的な意見も残し，後で吟味させる
	〔学習問題〕　住民の声を届けるには？	
	○直接請求権について調べる 問い　私たちの地域ではどれくらい署名を集めたらよいのだろう 問い　署名が基準を超えたらどうなるだろう ○首長を通じて議会に提出され審議され議決される。否決される場合もある 問い　議員の立場になってグループの提案を吟味しよう。どの提案を実現するべきだろう	◇条例の制定・改廃に必要な，有権者の$\frac{1}{50}$という基準は現実的な数だと気づかせる ◇議会での審議という手続きを経る必要があることをおさえる ☆法の支配，民主主義 ◇さまざまな条件や異なる立場の人の存在，限られた資源の中での優先順位なども考えて決めなければいけないことをおさえる
考える	問い　地域で定めて欲しい条例をクラスから提案しよう	☆効率と公正 ◇地域の課題から考えさせる
つなげる	○各グループの案を基に，クラスとしての提案をまとめる	◇予算の問題が出た場合は次時につなげる 【地域の問題について住民として意欲的に考えようとしているか】

　第1時での学習をふまえ，地方自治には直接請求権が認められており，議会や首長を選出するだけではなく，条例の制定・改廃，首長のリコールや議会の解散などを住民が直接求めることができることを学びます。子どもにはグループごとに自分たちの住む地域で定めて欲しい条例の案を考えさせ，実現可能性について考察させます。条例の制定・改廃の請求に必要な有権者の$\frac{1}{50}$という基準は，多くの地方公共団体ではその地域の中学生の家族が全員署名すれば到達する程度の数であり，現実的なものであることはおさえたいです。一方で，請求が受理されても議会で可決されるとは限りません。議会で審議するという視点から子どもの案の妥当性をグループ相互に再検討させ，議会の役割についても考えさせます。意見交換の後，最後にクラス全体で，グループの提案を基にして地域で定めて欲しい条例案をつくらせます。予算に関わる意見が出たら一旦留保しておき，次時につなげるようにします。

第3時　学習課題「私たちの町の予算はいくら？」

　私たちは首長や議会を通じて，時には直接請求権という方法で自分たちの声を地方公共団体に届けることができますが，予算という制約があります。地方の財政のしくみについて調べさせ，多くの地方公共団体では地方交付税交付金や国庫支出金という国からの再分配に依存していること，そのことが地方自治の自由度を制約していることなどに気づかせます。一方で単純に再分配を減らせば地域間の格差が広がり，地域によって教育などの公的サービスの水準に大きな差が出来てしまうおそれもあります。「個人の尊重」「民主主義」「効率と公正」などを用いて，地方の財政の課題と地方分権との関わりについて多面的・多角的に考察させます。

第4時　学習課題「地域を支えていくのは誰？」

第4時の板書

```
地域を支えていくのは誰？

地域の「こうなったらいいなあ」を実現するには？

・地方公共団体：税金が財源，一定の強制力，公正さが求められる
・NPO：寄付や会費が財源，特定の課題に注力できる，一定の継続性
・ボランティア：主体的な個人の活動
○クラスで考えた課題解決の方法を考えよう！ → ○○○○，○○○……
```

ここが 主 対 深

　学習してきた地方公共団体のしくみや，自らボランティアやNPOを立ちあげるなど，さまざまな方法を生かして身近な地域の課題解決を実現できることに気づいたとき，主体的で対話的な学びが生まれます。

○第4時の目標

- 地域社会における住民の福祉は住民の自発的努力によって実現するもので，NPOやボランティアを含め多様な方法での住民参加による住民自治に基づくものだと理解できる（知識及び技能）
- 住民参加による住民自治の考え方に基づく地域住民の課題解決へのさまざまな関わりについて多面的・多角的に考察，表現することができる（思考力，判断力，表現力等）
- 地方自治に関心を持ち，住民として地方自治に関わろうとする意欲を養う（学びに向かう力，人間性等）

	○主な問い，学習活動・内容	◇指導の手立て □資料 ☆見方・考え方【　】評価
つかむ	○地域の課題に取り組んでいるNPOを紹介する 問い　NPOとはどのようなものだろう 問い　地域の問題に取り組む主体には他にどのようなものがあるだろう ○地方公共団体，個人としての住民，NPOなどがある	□ニュース映像や新聞記事など ◇NPOとは，非営利で自分たちがやりたい社会貢献などをするための組織であることをおさえる
	〔学習課題〕　地域を支えていくのは誰？	
考える	問い　なぜ近年NPOの存在感が増してきたのだろう ○地方公共団体は一定の強制力を持ち継続性もあるが，全ての人に公平であることが求められるため，特定の問題には対処しにくい。多様な問題に対して，住民がまず行動をはじめる（ボランティア）ことも大切だが，継続性や資金の問題などがある	◇地方公共団体，個人としての住民，NPOの特徴に気づかせる ◇ボランティアとは無償奉仕のことではなく，主体的な社会貢献を意味していることをおさえる ◇私たちが地域を支える方法は地方公共団体を通じた方法や，ボランティア，NPOへの寄付や参加など，さまざまな方法があることに気づかせる ☆個人の尊重
いかす	問い　第2時でクラスの提案を考える元になった地域の課題にはどの方法が適しているだろうか	◇さまざまな方法について可能性を検討させる 【地域の問題について住民として意欲的に考えようとしているか】
つなげる	問い　私たちの地域で活動しているNPOにはどのようなものがあるだろうか ○インターネットを用いて地域の課題に取り組むNPOについて調べよう	◇自分たちの提案に留まらず，実際に自発的に活動している人たちを知ることで自治を担うことへの見通しを持たせる

❀①導入発問❀：「NPO とはどのようなものだろう」
　導入ではニュースなどで紹介された NPO を取りあげて関心を高め，NPO について簡単に説明します。展開の中で NPO の特徴を理解させるためここでは小学校での学習を確認する程度でいいです。

❀②補助発問❀：「地域の問題に取り組む主体には他にどのようなものがあるだろう」
　この問いで前時まで学習してきた地方公共団体も同じように地域の問題に取り組む主体であることや，ボランティアに参加する個人も同じような主体であることに気づかせます。

❀③主発問❀：「地域を支えていくのは誰？」
　三つの主体があることを理解したところで，三つの主体の違いについて考えるという授業を貫く問いを提示します。

❀④補助発問❀：「なぜ近年 NPO の存在感が増してきたのだろう」
　かつて，治水や交通など基礎的なインフラの整備といった住民全てに関わる大きな課題が中心であった時代には，税金という形で広く負担を求め一定の強制力を持って実施にあたる地方公共団体が課題解決の主体として適していました。しかし住民のニーズが多様化してくると，全ての住民に対する公平さが求められる地方公共団体には関わることが難しい問題も登場するようになります。そこで問題意識を持つ人たちが自分たちの力で課題の解決をしようとしたのがボランティアです。しかしボランティアだけでは継続性や専門性に限界があることから，持続的に活動できる組織をつくったものが NPO であると考えることができます。問題の存在に対して，みんなに関係があることであれば地方公共団体の力を活用することが効率的ですし，みんなに関係するとはいえないものの自分は解決すべきだと思えば自分がボランティアとして動きはじめたり NPO を立ち上げて活動することができます。自分は活動に参加できなくても NPO に寄附するという形で支援することも課題解決への参加であることをおさえたいです。

❀⑤生かす発問❀：「クラスで考えた地域の課題にはどの方法が適しているだろうか」
　第 2 時で考えた課題に対してどのアプローチが適していたか再検討することで，学習したことを活かして地域の問題を考えさせます。

❀⑥授業後につなぐ発問❀：「私たちの地域で活動している NPO にはどのようなものがあるだろうか」
　実際に活動している NPO について調べさせ発表させます。この活動を通じて，教室の中でのシミュレーションで終わらせるのではなく，自分たちの自治への参加のイメージを確かなものにさせたいです。

★チャレンジ ●もっと 主 対 深 ●

学習課題　地方議員さんに要望を届けよう！

○学習課題のポイント

　住民の自発的な自治への参加が期待された制度となっている我が国の地方自治のしくみですが，特に地方議会については子どもの関心はあまり高くありません。授業では直接請求権を取りあげることが多いですが，住民の代表である議員を通じて「請願」として議会に声を届けることもできます。地域に住む地方議員（複数名が望ましい）の協力を得て地方議員に地域の問題に関わる要望を伝えることに取り組ませます。議員に相談に行く等，実現可能な範囲で実施するだけでもいいでしょう。要望を議会に紹介するかどうかは議員の判断ですが，その成否にかかわらずリアルな自治への参加を経験させることには大きな意義があります。

○予想される学びの姿

　リアルな「請願」にのぞむということで，意欲と緊張感を持って取り組み，絵空事ではない地域の問題に対する提案の検討が行われるでしょう。また地方自治に参加する住民としての自覚を高め，自治を担う意欲や態度が養われることも期待されます。

地方自治法　第七節　請願
第百二十四条　普通地方公共団体の議会に請願しようとする者は，議員の紹介により請願書を提出しなければならない。

日本国憲法
第十六条　何人も，損害の救済，公務員の罷免，法律，命令又は規則の制定，廃止又は改正その他の事項に関し，平穏に請願する権利を有し，何人も，かかる請願をしたためにいかなる差別待遇も受けない。

（阿部　哲久）

D 私たちと国際社会の諸課題

(1) 単元名：共に生きる――世界平和と人類福祉の増大（計8時間）

協調や持続可能性に着目して，課題を追究する公民学習
――外国人労働者の受け入れのあり方はどうあるべきか

1 単元目標

①【知識及び技能】

　外国人との共生が，我が国の労働力不足の解消や世界の貧困削減につながり，持続可能な社会の形成の基礎となることを理解できるようにする。

　外国人との共生が，多様な価値観を獲得し豊かな社会生活を営むことにつながることを理解できるようにする。

②【思考力，判断力，表現力等】

　外国人との共生のあり方について，効率と公正，持続可能性などの視点から多面的・多角的に考察して，課題探究の過程及び結果を適切に表現できるようにする。

③【学びに向かう力，人間性等】

　外国人との共生のあり方について，効率と公正，持続可能性などの視点に着目して，他者と協働しながらよりよい社会の実現に向かおうとする態度を養う。

2 めざす子ども像～こんな姿に～

　安定的に労働力を得ながら，発展途上国への技術移転をめざす技能実習生制度の拡充に，よりよい受け入れのあり方の手がかりがあるのではないかと考えます。

　そのため，めざす子ども像は，次の姿とします。

> 外国人を労働力として捉えるのではなく，日本社会を支える人として捉え，多様性を認めながら共生していくことの必要性を実感する子ども。そして，互いの文化や人権を尊重することが，持続可能な共生の姿であると捉え，日本と相手国の双方の発展を求める子どもに

3 単元構想

　本単元で子どもは，外国人の受け入れのあり方を考えます。少子高齢化が加速度的に進む日本において，もはや外国人の労働力なしでは社会が成り立ちません。しかし，我が国は移民を受け入れる姿勢を示していません。そんな中，政府は技能実習制度の拡充に本腰を入れました。技能などの移転により，途上国の経済発展を担う人を育てることを目的とする技能実習制度が，日本の労働力不足を補うためのものになってはいないでしょうか。私たちのまわりには，さまざまな思いを持ってくらしている外国人がいます。外国人が日本社会の隙間を埋めていることに気づいた子どもは，外国人の受け入れのあり方に切実感を持って考えるでしょう。

4 本単元で働かせたい「現代社会の見方・考え方」

単元を貫く課題	課題	主に働かせたい見方・考え方	身につけることの例	
			知識・技能	思考・判断・表現
外国人の受け入れのあり方はどうあるべきか	世界の出来事で気になることを出し合おう	対立と合意 効率と公正	世界各国における人やものの受け入れの現状を理解できる	自国を優先する動きが世界で広がっていることを判断できる
	日本における外国人の受け入れの現状はどうなっているのか	効率と公正 国際協調	外国人を受け入れることのメリットとデメリットを効率と公正を適用して理解することができる	日本の外国人受け入れの現状について，効率と公正を適用して複数の立場から考え判断できる
	日本の外国人の受け入れのあり方は，どうあるべきか	持続可能性 少子高齢化 多様性 安全性		日本の外国人受け入れのあり方について，持続可能性等の視点で考え判断できる
	外国人の受け入れのあり方について，専門家と議論しよう	持続可能性 少子高齢化 多様性 安全性		日本の外国人受け入れのあり方について，持続可能性等の視点で考えを表現できる

5 単元のすすめ方

第1時　学習課題「世界の出来事で気になることを出し合おう」

第1時の板書

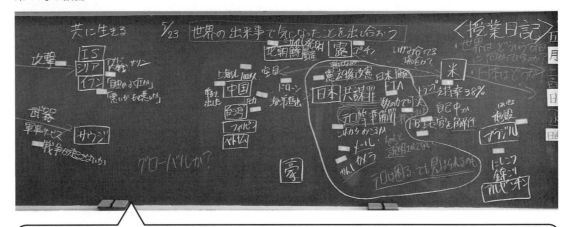

●ここが 主 対 深

　世界で起こっている出来事を州ごとに板書し，グローバル化がすすむ世界において，反グローバルで自国優先の動きが起こっていることを確認できるようにします。そして，アジア州，特に日本国内の出来事を囲み，日本においても同様の動きが起こっていることを捉えさせることにより，主体的な学びが生まれます。

○第1時の目標

- グローバル化が進む現在の世界において，反グローバル化の動きが起こっている現状を理解できる（知識及び技能）
- 難民認定者数の推移のグラフから，日本の外国人の受け入れのあり方について考えることができる（思考力，判断力，表現力等）
- 世界で起こっている出来事について，関心を持ったり知ろうとしたりしている（学びに向かう力，人間性等）

	○主な問い，学習活動・内容	◇指導の手立て □資料 ☆見方・考え方【】評価
つかむ	問い 世界の出来事で気になることを出し合おう	◇今日の世界情勢に関心を持たせるために，新聞スクラップに取り組ませる

	〔学習課題〕 世界の出来事で気になることを出し合おう	
	○イギリスのEU離脱の手続きが進んでいる。フランスやイタリアなどでもEUに否定的な考えが広がっている ○トランプ大統領は就任以降，TPP離脱や国境税の導入など，自国優先の政策を行い，国際社会から非難の声があがっている ○反グローバル化の動きが見られる。原因は，世界経済や治安の悪化ではないか ○貿易の制限，移民や難民の受け入れ拒否があり，人や物の流れが滞っているようだ ↓	◇気になった記事についての考えを出し合わせ，グローバル化がすすむ世界において，反グローバルの動きがあることを捉えられるようにする
考える	問い 日本のものや人の受け入れの現状はどうか ○日本は，資源が乏しく貿易立国であるので，輸出入はさかんである ○ショッピングセンターなどで外国人をよく見かける。愛知県は，自動車工業がさかんであり，日系ブラジル人が多くくらしている ○難民申請者が急増しているが，難民認定数はとても少ない。移民も少ないのではないか ↓	◇ものや人の流れが滞っている現状は，日本にも当てはまるのかを考えさせることにより，自分事として問題を捉えられるようにする □難民申請数と認定者数の推移のグラフ
まとめる	問い 日本では，人の受け入れの現状はどうなっているのだろうか ○グローバル化が進んでいる国際社会において，日本は外国人の受け入れを進めるべきではないか ○外国人受け入れの現状を具体的に知りたい	◇問題を人に焦点化することにより，次時以降，外国人の受け入れの現状について関心を持って調べられるようにする 【ものや人の流れが滞っていることについて，自国の視点から考えようとしているか】 ☆対立と合意，効率と公正

①導入発問 「世界の出来事で気になることを出し合おう」

単元前に，今日の世界情勢に関心を持たせるために，新聞スクラップに取り組ませます。本時では，新聞スクラップの中から，気になった記事についての考えを出し合わせます。すると，イギリスをはじめ，他のEU諸国からも離脱に向かう動きが見られていることが出されます。また，トランプ大統領が就任以降，TPP離脱や国境税の導入など，自国の利益を優先する政

策を推しすすめていることが出され，グローバル化がすすんでいる国際社会において，反グローバル化の動きが見られることを確認させます。

②主発問「日本のものや人の受け入れの現状はどうか」

世界の人やものの動きが滞っている現状が全体で確認されたところで，この現状が日本にも当てはまるのかを考えさせます。すると，既習の知識から，日本が貿易立国であり，世界の国々と広く貿易を行っていることが出されます。そして，日本は，ものや人の受け入れには積極的であるという考えが広がったところで，日本の難民申請者数と認定数の推移のグラフを提示します。すると，日本の難民の受け入れ率は1％にも満たず，認定率50％で10万人以上受け入れているドイツをはじめ，先進国の中で最低の受け入れ率であることに気づきます（2015）。EU諸国においても，難民の受け入れがEU離脱の争点になっていたことから，日本の難民受け入れ率の低さに，日本は，人の受け入れに消極的なのではないかと考えはじめます。

③次時への発問「日本では，人の受け入れの現状はどうなっているのだろうか」

日本の難民認定率の低さに違和感を感じた子どもに対し問い，人の受け入れに焦点化します。そして，子どもは，日本の外国人の受け入れの現状が知りたくなり，追究をはじめます。

※第2時は略。

第3時　学習課題「日本における外国人の受け入れの現状はどうなっているのか」

○第3時の目標

- 外国人を受け入れることのメリット・デメリットを「外国人」「企業」「国民」「政府」等の立場から理解できる（知識及び技能）
- 外国人を受け入れることのメリット・デメリットを効率と公正の視点で考えることができる（思考力，判断力，表現力等）
- 外国人の受け入れを，主体的に考えようとしている（学びに向かう力，人間性等）

	○主な問い，学習活動・内容	◇指導の手立て　□資料 ☆見方・考え方【】評価
つかむ	〔学習課題〕　日本における外国人の受け入れの現状はどうなっているのか	
	問い　日本の外国人の受け入れの現状は，どうなっているのか ○立場a（外国人）：外国人労働者が100万人を突破。日本で働きたい外国人が多くいる ○立場b（企業）：多くの企業が外国人を受け入れている。労働力不足のため，外国人は不可欠な存在だ	◇学習問題について，前時で調べたことと，それについて考えたことを出し合わせる ◇「外国人」「企業」「国民」「政府」などの立場から，外国人を受け入れることのメリットやデメリットを捉えられるようにする ◇上記の立場の違いによる対立の構図を捉えられるように，構造的に板書する

	↑ ○立場c（国民）：単一民族で外国人になれていない。無意識で差別しているのでは ○立場d（政府）：移民政策をとらない。定住を認めていない ↓	
考える	問い　なぜ，政府は，技能実習制度を拡大しようとしているのだろう ○立場a（外国人）：実習期間が長く，外国人は日本で多く稼ぐことができてよい ○立場b（企業）：実習期間が長くなるので，労働力を確保できてよい ○立場c（国民）：治安の悪化や日本人の雇用が奪われることが心配だ ○立場d（政府）：高度人材しか受け入れを認めていない ↓	□技能実習法の概要資料
まとめる	問い　実習制度の拡充は，外国人のためというより日本人のためではないか。外国人の受け入れのあり方はどうあるべきか	【「外国人」「企業」「国民」「政府」など，複数の立場から，受け入れのあり方を考えようとしているか】 ☆効率と公正，国際協調

①導入発問　「日本の外国人受け入れの現状は，どうなっているのか」

　日本の外国人受け入れの現状について，前時で調べたことを基に考えを出し合わせます。まず，外国人の立場から，在日外国人の総数が230万人，外国人労働者数が100万人を超え(2016)，いずれも過去最高である事実が出され，日本で働くことを望む外国人が多くいるという考えが出されます。そして，外国人を受け入れている企業の立場から，まじめで勤勉な外国人の働きぶりから，外国人の受け入れを好意的に捉えているという考えが出されます。これに対して，日本国民の立場から，少子高齢化が進む中，外国人労働者が増えてはいますが，国民からのイメージが悪いという考えが出されます。そして，外国人が増えることによる治安の悪化が心配であることや，人口減による労働者不足で外国人の受け入れは待ったなしだが，警戒心がぬぐえないという考えが出されます。その中で，子どもは，政府の立場から，「労働者不足を補うために，技能実習生を雇うことにしたのではないか」という仲間の考えを聞き，技能実習制度に関心を持ちます。

②主発問 「なぜ,政府は,技能実習制度を拡大しようとしているのだろう」

子どもが技能実習制度に関心を示したところで,教師は,「技能実習法の概要資料」を提示します。そして,制度拡充が実習生や私たち日本人にとってどのような影響を及ぼすのかを考えられるようにします。すると,外国人の立場から,日本に長く滞在できるので,多く稼ぐことができてよいという考えが出されます。また企業の立場から,実習期間が長くなれば,労働力不足の解消につながってよいと,技能実習制度の拡大に好意的な考えが出されます。一方,国民の立場からは,治安の悪化への懸念や,価値観の違いから受け入れは難しく,制度の拡大に否定的な考えが出されます。そして,政府の立場から,技能実習制度は移民とは異なり,高度人材の受け入れ以外は認めていないという政府方針が出されます。

③次時への発問 「外国人の受け入れのあり方は,どうあるべきか」

これまでの子どもの考えから,労働者不足により受け入れ拡大を図りたいが,日本が高度人材しか受け入れようとしないことへの理不尽さが出されます。そして,制度の拡大は,外国人のためというより,日本人のためではないかという考えが広がり,「外国人の受け入れのあり方はどうあるべきか」という問題が表出し,次時以降の問題の追究につながります。

※第4・5時は略。

第6時 学習課題「外国人の受け入れのあり方は,どうあるべきか」

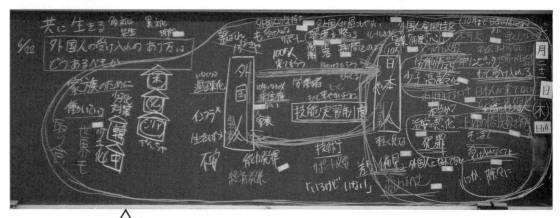

ここが 主 対 深

黒板の右側には,日本が外国人を受け入れる背景となる社会問題を,左側には,外国人が日本に働きに来る要因を板書します。そして,中央に「技能実習制度」を書き,これが日本人にとっても外国人にとってもWIN-WINの制度になり得ることを捉えられるようにします。

○第6時の目標

- 少子高齢化や労働力不足など,日本が抱える社会問題の現状について理解できる（知識及び技能）
- 国際協調や持続可能性等の視点から,外国人の受け入れのあり方について総合的に考えることができる（思考力,判断力,表現力等）
- 日本人と外国人のどちらにとっても有益な外国人受け入れのあり方を考えようとしている（学びに向かう力,人間性等）

	○主な問い,学習活動・内容	◇指導の手立て □資料 ☆見方・考え方【】評価
つかむ	〔学習課題〕 外国人の受け入れのあり方は,どうあるべきか	
	問い 外国人の受け入れのあり方は,どうあるべきか ○視点a（少子高齢化）：今後,少子高齢化がいっそうすすむ。政府は,受け入れをさらにすすめるべきだ ○視点b（労働力不足）：単純労働者の受け入れが必要だ。特に介護人材が不足している ↕ ○視点c（多様性）：言葉の壁が大きく,歴史や文化が違う外国人とはわかり合えない。受け入れは慎重に進めるべきだ ○視点d（安全性）：治安の悪化や日本人の雇用を奪うおそれがある。外国人の受け入れ拡大は時期尚早だ ↓	◇学習問題について,前時までに取材等をとおして追究したことを基に,考えたことを出し合わせる ◇「少子高齢化」「労働力不足」「多様性」「安全性」などの視点から,「政府」が外国人の受け入れをどのように行うべきかを考えられるようにする ☆少子高齢化 ☆多様性 ☆安全性,利便性
考える	問い 外国人受け入れは,いつ進めればよいか ○視点a（少子高齢化）：少子高齢化は主要国全体で進んでいる。今後,世界中で人材を奪い合う時代になる ○視点b（労働力不足）：現在の日本の有効求人倍率は高く,外国人の受け入れは待ったなしだ ↓	◇受け入れ時期を問うことにより,「受け入れは慎重に進めるべき」「時期尚早だ」と考える子どもに,外国人受け入れの問題の切実性を捉えられるようにする □世界の主要国の人口推移のグラフ ☆少子高齢化

	○視点c（多様性）：外国人が生活しやすい環境を整え，外国人に選んでもらえる国になる努力をしなければならない ○視点d（安全性）：治安維持のためにも外国人とふれあい，わかり合うことが必要だ ○視点e（持続可能性）：外国人の受け入れは，農業の活性化や地方創生など，日本が抱える課題の解決にもつながる ↓	☆多様性 ☆国際協調 ☆持続可能性
まとめる	問い 外国人に選ばれる国になるには，どうすればよいか	【持続可能性や多様性等の見方・考え方で受け入れのあり方を考えようとしているか】

①導入発問：「外国人の受け入れのあり方は，どうあるべきか」

　外国人の受け入れのあり方について，考えたことを出し合わせます。まず，少子高齢化の視点で，日本の人口構造に着目している子どもから，受け入れをすすめるべきだという考えが出されます。次に労働力不足の視点から，特に介護人材が不足しているので，単純労働者の受け入れも必要だという考えが出されます。これに対して，多様性の視点から，言葉や文化の違いが大きく，共生することは難しいという意見が出されます。続いて，安全性の視点から，治安の悪化や日本人の雇用を奪うおそれがあると，受け入れは慎重にすすめるべきだという考えが出されます。

②主発問：「外国人の受け入れは，いつすすめればよいのか」

　「受け入れは慎重にすすめるべきだ」と考える子どもも，受け入れの必要性は理解しています。そこで，受け入れ時期を問うことにより，外国人受け入れの問題の切実性を捉えられるようにします。その際，世界の主要国の人口推移のグラフを提示します。すると，少子高齢化の視点から，少子高齢化は主要国全体が抱えている問題であることに気づきます。また，労働力不足の視点から，世界中で労働者の奪い合いが起こることに気づき，政府は，今すぐに受け入れ政策をすすめるべきだという考えが出されます。多様性や安全性の視点で外国人受け入れに慎重であった子どもは，外国人が生活しやすい環境を整えることが価値観の違いを埋めたり，治安の悪化を防いだりすることにつながるのではないかと考えはじめます。

③次時への発問：「外国人に選んでもらえる国になるには，どうすればよいか」

　外国人の受け入れの必要性を実感した子どもは，外国人に選ばれる国になるために必要なことを考えはじめます。外国人の人権を守るための法整備や，外国人と日本人が関われる場の設定など，外国人を労働力としてではなく，一人の人として受け入れる必要性に気づきます。

※第7・8時は略。

★チャレンジ もっと 主 対 深

学習課題 日本で働く外国人と交流しよう！

○学習課題のポイント

　日本で就労する外国人は，約128万人（平成30年・厚生労働省調べ）で，中でも技能実習生が26万人で増加の一途です。全国各地で多くの技能実習生が就労していますが，多くが従業員19人以下の零細企業で働いていたり，製造業や建設関係の仕事をしていたりして，子どもとの接点はほとんどありません。そこで，実際に外国人技能実習生と交流する場を設定したいです。技能実習生を教室に招待し，母国の状況や文化等を教えていただくことは，子どもの国際理解や多様性の獲得につながるでしょう。また，技能実習生にとっても，日本の中学生と交流したり学校の様子を知ることは，日本で生活していながらも日本の文化に触れることが少ない日常において，日本への愛着を深めてもらえる機会となり得るでしょう。

○予想される学びの姿

　技能実習生の日本での生活の様子を知ることで，子どもは，外国人が日本の産業を支える一翼を担っていることを捉えることができます。技能実習生のくらしぶりを知ったり，生の声を聞いたりすることで，技能実習生をはじめとする日本でくらす外国人がよりよくくらしていける社会にするための方策を主体的に考えようと動き出します。これは，多様な価値観を受け入れながら，共に社会を創っていこうとするグローバル社会の形成者としての資質を養うことにつながります。

　技能実習生は，アジア諸国を中心とした英語を母語としない国の方が多いです。そこで，交流の際は，コミュニケーションの円滑化を図ったり，互いの文化を紹介し合ったりするために，タブレットなどのICTを有効に活用するとよいです。

（伊倉 剛）

D 私たちと国際社会の諸課題

(2) 単元名：よりよい社会を目指して――持続可能性（計8時間）

未来をつくる新たな国のかたち
――持続的な地方の活性化のあり方を考える

1 単元目標

① 【知識及び技能】
　東京一極集中のデータを基に，地方の衰退を捉え，取材活動や個人追究，意見交流を通して，地方自治体が抱える人口減少などの問題を理解する。地方創生のあり方について，具体的な事例やデータを基にまとめることができる。

② 【思考力，判断力，表現力等】
　国や地方自治体，町おこしに携わる人々が行う地方創生の具体的な取り組みをとおして，地方創生のあり方について多面的・多角的に考察し，地方自治体の持続的な発展を基にしたよりよい社会について表現することができる。

③ 【学びに向かう力，人間性等】
　地方自治体の持続的な発展を基にしたよりよい社会のあり方を考え，自身がめざすよりよい社会の構築に主体的に関わろうとする態度を養う。

2 めざす子ども像～こんな姿に～

　地方創生のために全国の地方自治体の取り組みについて主体的に追究する姿・活動をとおして，地方自治体の持続的な発展のあり方を考え，よりよい社会の構築に主体的に関わろうとする子ども。

※主体的に追究する姿とは……問題解決のために，インターネットや図書で調べるだけでなく，専門家や当事者，官公庁に対してメールや電話，直接会うなどして，取材活動をするなどをここでは示します。

3 単元構想

(1) 社会科としての学び

　本単元では，地方創生を取りあげます。日本は少子高齢社会です。2018年，総務省より発表された統計によると，高齢者の割合は日本の人口の28.1％と，30％にせまっています。今後も上昇していくことが予想されます。少子化も進むため，日本は近い将来人口減少がはじまっていきます。そのような状況の中で，東京の人口は増え続けています。東京の転入超過数は長年全国1位であり，数万人規模です。2位の埼玉県と比較しても，圧倒的に多いです。特に，15～29才の年齢層の転入が多く，進学や就職に合わせて東京に転入していることが予想されます。このように東京に多くの人々が転入している反面，地方では人口の流出が起きています。地方が衰退することは，日本全体を衰退させることにつながります。このような中，政府は地方創生を掲げ，地方の活性化を進め，東京一極集中を打開しようとしています。また，地方がさまざまな取り組みを行う中で，政府は地方が自立することをねらっています。これからの日本の未来を背負っていく子どもにとって，地方創生によって変化していく日本の未来の姿を考えることは大きな意味があると考えました。

(2) 子どもの学びを支える教師の営み

　見つめる段階では，子どもはまず，地方創生の実態について追究します。自分たちが将来働きたい場所や東京に転入する若者の人口をグラフから読み取り，東京に地方の人口が流入している実態を捉えます。そして，東京や大都市に人口が流出することを止めようとする，政府や地方自治体のさまざまな取り組みについて追究します。

　向き合う段階では，追究活動を通して，地方の実態を捉えていきます。それぞれの追究内容を基にした意見交流の中で，政府の支援の仕方がよくないのではないかという考えに焦点化されます。そして，政府の支援のよりよいあり方について追究活動をします。

　迫る段階では，政府の支援という視点について追究活動を行ったことで得た考えを基に対話を行います。対話をとおして，政府のねらいは地方自治体が国に頼りすぎず，自立していくことであることなどを捉え，持続可能な地方創生のあり方について多面的・多角的に考えます。

　見つめる段階では，政府・地方自治体・住民のそれぞれが地方の長所や短所を見極め，地方の特色をつくりあげていくべきだと考えた子どもに，持続的な地方の成長のために必要なものについて改めて考えさせます。そして，未来の社会に生きる自分の姿を想像し，自分のできることや社会との関わり方を考えていきます。

④ 本単元で働かせたい「現代社会の見方・考え方」

単元を貫く課題	課題	主に働かせたい見方・考え方	身につけることの例	
			知識・技能	思考・判断・表現
地方創生はどうあるべきだろうか	東京一極集中のまま日本は大丈夫だろうか	比較	東京一極集中の現状をグラフから読み取ることができる	東京に若い世代が流入している理由を進学や就職の視点で考えることができる
	地方創生の実態はどうなっているのだろう	広がり	地方自治体の取り組みについて追究活動を行うことができる	追究活動をとおして，地方自治体の取り組みについてまとめ，地方創生の実態について考える
	政府の支援は地方創生につながるだろうか	対立と合意 効率と公正	政府の支援のあり方や地方創生の到達点について，追究活動を行うことができる	追究活動をとおして得た情報を基に，政府の支援のあり方や地方創生の到達点について，自分の考えをまとめ，表現することができる
	地方創生のために規制緩和をするべきだろうか	持続可能性	規制緩和という視点で自分の追究内容を見直すことができる	規制緩和という視点で，政府の支援のあり方を考えることができる
	地方創生はどうあるべきか	持続可能性	政府や国，地方自治体などが取り組みを整理することができる	学習を通して得た情報や知識を基に，地方創生のあり方を多面的・多角的に考察し，自分との関わりについて表現することができる

5 単元のすすめ方

第1時 みんなの働きたいまちから東京一極集中の問題を考える

　導入で，事前に子どもに調査しておいた，「大人になったら働きたい場所」（資料1：自作資料）の円グラフを提示しました。学級の過半数が大都市で働きたいと考えており，そのうち東京と答えたのは17%でした。子どもはグラフを基に，自分の働きたい場所や働くことに対する価値観などを交流しました（資料2）。

　さらに，年齢層別の東京への転入者のグラフを提示しました。グラフの読み取りから，20～24才の年齢層で特に転入超過の数が多いことが明らかになりました。子どもは，毎年のように，何万人もの人が東京に入ってくることを知り，東京そのものがパンクするのではないかということ，地方の発展を担う存在になる若者が東京に集まってきていることを捉えました。対話の中では，空き家の問題，雇用の問題など，子どもの中にも過疎や過密について考えている子どももいました。子どもたちの中で東京一極集中に対する問題意識が高まり，第1時を終えることができました。

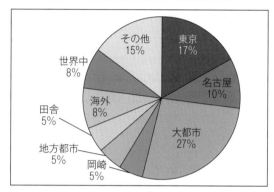

資料1　将来どんなところで働きたいか

資料2　円グラフを見て思ったことの感想交流

C1：東京が一位なのはわかる。**仕事もあるし，あこがれもある。**

C2：田舎はくらすにはよいかもしれないが，**働くのは苦しいのではないか。**

C3：何かを制作する仕事がしたいので，**田舎でストレスをためずにやりたい。**

C4：自分は雑誌の編集がしたい。そういう仕事は，**都会にしかないだろうから，東京に行って働きたい。**

C5：**世界的な企業で働きたい。**でも，そういう企業は東京にありそうだ。

C6：クラスの**半分以上が都会に住みたい**と思っているのは意外だ。

（授業記録より抜粋）

第2・3時　地方創生の実態について個人追究を行う

　前時の授業日記で多くの子どもが東京一極集中に問題意識を感じると共に，東京以外の市町村が町おこしや地域の活性化をすべきであると書きました。そこで，まずは地方自治体がどのように町おこしや地域の活性化を行っているのか，実態を把握することにしました。

　C7は若者が地方から都市部へ流出しているという実態に着目しました。C7の住んでいる地域は過疎化が進行しており状況は深刻です。彼女の周囲に存在する現状がまさに現代社会の問題そのものであったため若者の流出に着目したと考えられます。

　C7は豊田市旭町の空き家紹介事業について追究しました。豊田市の山間地域である旭町で

の空き家紹介事業は，豊田市が主体となり，希望者には改修費の一部を負担するなど手厚い補助をしています。そのため，空き家の紹介を希望する人が多くいることを知りました。

　Ｃ７自身の経験と，空き家紹介事業を知ったことで，追究テーマである「若者が地元に残るには」の具体的な方策が見えてきました。そして，追究カード（資料３）に現在の追究の状況を記しました。教師は，追究の状況やＣ７の思いを捉えるために，追究カードを基に対話を行いました（資料４）。

資料３　Ｃ７の追究カード　　　　　　　　　資料４　対話の様子

◎これまで自分が追究してきたこと
（短い言葉で　例：〇〇について□□した）
－田舎ぐらし課題－
空家について調べた

↓

◎追究したことに対する思いや考え
昔に比べ最近は「田舎ぐらしをしたい」と思う若者が増えてきた。
↓
その思いをサポートすることが大切
ホームページなどを使い田舎ぐらしの魅力をアピールする。
・豊田市旭町について追究した

Ｔ１：Ｃ７さんは何について追究をしていますか。
Ｃ７：豊田市旭町について調べている。そこで**空き家紹介**をしている。
Ｔ１：詳しく聞かせてください。
Ｃ７：私の家は，過疎地域にある。集落には私しか子どもがいない。私は２年生で今の家に引っ越してきた。そのとき**母が，空き家が見つからず困った**といっていたのを思い出した。若い人たちは，家にお金をかけられない。だから，空き家を紹介すれば，若者は定住できる。豊田市旭町は，**補助金が出る**から希望する人が多い。空き家を自分で見つけて**交渉するのはとても大変**だから，市が助けてくれるのはとてもよい。

第４時　「地方創生の実態について明らかになったこと」個人追究を基にした関わり合い

　地方創生の実態を捉え，互いの考えを交流したいという思いを高めたところで，「地方創生の実態について明らかになったこと」というテーマで対話を行いました（資料５）。

　前半は，子どもが調べた地方創生の動きや実際の取り組みについて話が進みました。自治体による具体的な取り組みが紹介されていく中で，地域おこし協力隊や，政府が主導している取り組みについても視点が出されました。それぞれの意見から地方と政府のそれぞれの取り組みがあるということを実感できました。

　そこで，政府が主体となり自治体の取り組みを支援し，成功に導くという考えを覆すために，「政府の支援が投げやりだ」という考えを取りあげました（資料６）。

　対話の後半は，子どもは自分の追究してきた地方と政府の関係を振り返って考えるようになりました。政府の支援が地方の衰退につながっているという考えが出され，ここから政府の支援は地方創生につながるのだろうかという疑問が生まれ，次時の追究につながりました。

資料5　追究を基にした対話1

C8：島根県海士町は，町長や職員の給料をカットし，日本一給料が安いといわれた。給料をカットして**貯めたお金を漁港整備や隠岐牛を有名にするために投資している**。また，**若者を呼び戻す政策で**，島外から110人移住した。

C9：徳島県神山町は，ITやデザイン企業のサテライトオフィスを誘致した。これらの企業は，通信設備が充実していることを活用し，**賃貸料や社員のストレス軽減**につなげている。その結果，地元雇用と移住に成功した。人の流れが重要だ。

C6：岡山県の美作は棚田が有名だが，高齢化で棚田がなくなってしまった。それを知った若者が東京から地域おこし協力隊として美作に行き，**集落を楽しく集まるという意味の「集楽」に変えようとしている**。

C7：若者の**田舎に住みたいという思いが強くなっている**。私も小学2年生の時に田舎に引っ越したが，すでに田舎の過疎化が進み，空き家が見つからないという問題があった。豊田市旭町では，ホームページに空き家の情報がまとめられており，修理の補助が出る。今は100人程が待機し，**空き家が足りないという状況**だ。**地域活性化をするには若者が住み続けるための周りのサポートが必要だ**。

C10：地域おこし協力隊をうまくいかせていない。政府は支援しようとしているのに，受け入れる地域が，都会から来た人を受け入れようとしないこともある。また，受け入れ地域は国がきめる。だから，受け入れ先の思いと**ずれができている**。そのため，活動を終えた後に定住しない人が半数いる。政府はバックアップすべきだ。

（第4時の授業記録より抜粋）

資料6　対話の後半　追究を基にした対話2

C11：あるサイトには**地方創生の失敗率は99％**と出ている。経営の素人が計画をつくるからだ。成功したまちは経営のプロを招き，計画書を作った。だから，**政府がお金を出すだけの投げやりの支援を改めないといけない**。

C12：町おこしを成功させても忘れられる。**持続性が大切だ**。一時期人口が増えても，人が減ったら意味がない。だから，ぱっと町おこしをするのではなく，**小さいことから雇用を少しずつ生み出す**ことなどが重要だ。

T1：調べたことに政府は関わっているのだろうか。

C8：海士町は関わっている。隠岐牛は，農地改革特区になって企業が経営できるようになった。**海士町は，ほとんどの政策に地方創生の特別な交付金をもらっている**。

C3：政府が補助金を出すとその町は**自分で稼ぐ力を失う**。

C13：寂れた道の駅がある原因は，**そこにないお金**でつくるからだ。多額のお金があるから豪華になり，**維持費だけがかかる**。住民に何が何でも成功させるという気持ちがないのでないか。海士町が成功したのは，国からの補助もあるが，住民が協力したからだ。

（第4時の授業記録より抜粋）

第5・6時　取材による個人追究

　政府の支援は地方創生につながるのかという視点を持ち，子どもはさらに自分たちの追究を進めました。当事者の思いを知るために，市役所を取材訪問したり，電話やFAX，メールによる取材を行ったりした子どももいました。

　C7は，豊田市旭町の実態をさらに追究しようと考え仲間と共に豊田市役所へ訪問しました。そして，自分の考えを追究まとめにまとめました（資料7）。

資料7　C7の追究まとめ

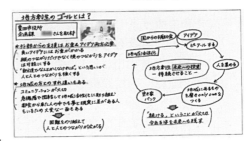

【付箋による関わり】

　次回の対話に向け，自分と仲間の問題に対する捉え方の相違に気づいたり，自分と同じ方向性で追究している仲間を見つけたりすることをねらい，掲示した追究まとめに対してコメントを書いた付箋を貼る時間を設けました。C7は以下のように，青い付箋，赤い付箋を貼りました。

【青い付箋】：自分も賛同する

C8へ：地域活性化がその地域にとって重要なのかどうかだと思うよ。特色のある学校はとても魅力だね。

C13へ：「お金が多いほど失敗する」というのはよくわかる。でもアイデアにお金は必要だし，結局地域の人が本気かどうかにかかってくるよね。

C9へ：私も地方創生に大切なのは，「流れをつくり出し，それを続けること」だと思いました。似たところで豊田市旭町があります。

【赤い付箋】：自分が注目している

C14へ：アイデアを地方から出すことはとても大切だけど，そのアイデアを考えることが難しいみたいだよ。

C15へ：西和賀町の取り組みはどういうところが他の市町村と違うのか知りたいです。

C2へ：お金よりアイデアと書いてあるけど，アイデアを形にするときにお金がいるという意見もあるよ。

　C7は，取材を通して，外部からの支援はお金もアイデアも両方必要であるが，それぞれの役割が違うという考えを持ちました。さらに，新しい住民とのすれ違いを避けるためにも住民同士のつながりをつくることの重要性も捉えています。そして，地方創生を成功させるためには，継続することによって苦労や課題を乗り越えることが大切だと考えました。

第7時 これまでの追究による対話の場面

「政府の支援は,地方創生につながるのだろうか」というテーマで,これまでの追究,付箋交流を基に構築した自分の考えを基に対話を行いました(資料8)。

資料8 対話の場合「政府の支援は地方創生につながるだろうか」

> C13：政府の支援はいらない。**地方が国のお金がないと生きていけなくなってしまう**。
> C14：補助金は必要だ。取材を通して地方が人を求めていることがわかった。人を呼ぶには,交通網の整備が必要だ。**政策以前に環境を整えることが必要だ**。
> C10：地域おこし協力隊の方に,国の支援はいらないといわれた。**支援が活動の幅を狭めるし,地域の特色と支援が合っていないと何もいかせない**。しかし,内閣府の方ははっきりと必要といった。**お金,情報,アイデア,人の支援を切れ目なく行うことが,大切**といっている。**地方と国の思いにずれがある**。
> C8：国からの支援は必要だ。海士町の町長さんと国会議員の事務所に取材した。共通していたのが,**お金は必要であるが,無駄金はばらまいてはいけない**ということだ。
> C16：過疎の地域に支援が必要かということで話し合っているが,地域によって足りないものはちがう。だから,**もっと個別で見て支援をすべきだ**。
> C17：地方創生に対して必要なのは,**規制緩和**だ。愛知県は国家戦略特区に指定された。特区に指定されれば,さまざまな規制緩和ができる。これにより,民間の企業が学校で授業ができるようになる。愛知県は,ものづくりが盛んだ。そこで,実際にものづくりをしている人から高い技術を学べるようになる。海士町も牧畜を規制緩和した。
> C18：規制緩和をすると,民間でできなかったことが,民間でできるようになるが,それ**で今まで法律で守られていたものがつぶされてしまうのではないか**。
> C19：地方創生の取り組みははじまったばかりだ。そのため,**地方全体には支援が行き届いていない**。愛知県は国家戦略特区を生かし,規制緩和をすることで民間のアイデアを取り入れるべきだ。
> C8：海士町の牛肉のブランド化は,規制緩和で民間ができるようにして,ブランド化が早まった。**民間のアイデアは,積極的に活用すべきだ**。
>
> (第7時の授業記録より抜粋)

ここが 主 対 深

これまで出てきた支援についての考え方を覆し,新たな視点で,地方創生を考えられるように,「規制緩和をするべきだ」という考えを取りあげました。

前半は，地方創生には国の支援は必要かどうかについて意見が交わされました。その中で，地方によって，必要とする支援が異なるのではないかという意見が出ました。そこから，支援のあり方について意見がつながっていきました。さらに，法律という言葉を用いて考えが出されたことで，ルールに関する話題に絞られました。そこで，これまで出てきた支援についての考え方を覆し，新たな視点で，地方創生を考えられるように，「規制緩和をするべきだ」という考えを取りあげました。すると，子どもは自分の追究してきた地方への政府の支援を，規制緩和という観点で考えるようになりました。規制緩和に否定的な考えが出されたり，規制緩和による効果を考えたりする視点が生まれ，さらに対話が活発になりました（資料9）。

資料9　対話の後半

> C20：地方創生についていろいろ調べたが，地方への支援を上手に活用しなければならない。アイデアを持っていても，それを実行するには，どうしてもお金が必要だ。
> C21：お金は必要ではない。支援に甘えず，海士町のように自分たちでお金をつくっていくことで，住民のやる気があがってくる。政府と地方が十分に話し合うべきだ。
> C22：地域の人たちのやる気が一番だ。地方創生を成功させたいという気持ちがなければ，自分のまちを考えることはできない。政府の支援に頼ろうとせず，自分たちの力でまちのよさや強みを考えるべきだ。そうすれば，地方が独自の発展ができる。
> C13：持続可能な地方創生には，人材が必要だと思っていたが，やる気が大切だという意見にも反対の意見にも納得した。政府も同じ気持ちなのかもしれない。
> C23：地方で動き出しているところがあるが，住民と一体となっているかというと疑問だ。住民が危機感を持ち動き出すためには，情報を公開して現実を伝えることだ。
> C6：地域おこし協力隊に取材したところ，中学生がこの活動を知ることが次の世代につながるといわれた。支援や取り組みは地方によって異なるのはあたりまえだ。そこで，がんばっている人がいることに関心を持つことで持続的に地方創生が行える。
> C8：地方のやる気だ。しかし，それではただがんばるだけになってしまう。地方でよく話し合い，政府からの人材を活用して，地方のよさをよく考えるべきだ。
> C7：地域活性化に大切なのは，取り組みを継続させることだ。地方のよさを考える視点に継続性は必要だ。一時的なことにお金をつぎ込んでも意味はない。地方のよさを認識し，ずっと続けることで広く知られ，その地方の活性化につながっていく。
> C24：前回，C17がいったように，規制緩和をすることで，その地方のよさがさらに際立つ。もっと政府から権限をもらい，地方がもっと政府から独立して活動すればよい。

（第7時の授業記録より抜粋）

　対話の後半は，「政府」「自治体」「地域おこし協力隊」「住民」などさまざまな立場の人の考えが述べられ，政府の支援のあり方について多角的に考えることができました。
　さらに，「持続可能な地方創生」という言葉からも持続可能性に着目した発言が出ました。C7も「取り組みを継続させることだ」と述べており，支援のあり方から地方創生の持続可能性に着目していることが分かります。C7は授業日記に次のように記述しました（資料10）。

資料10　第7時　Ｃ７の授業日記より

> みんなの意見を聞いて，自分のまちをよく見ることが大切だと感じた。長所はもちろんだが，短所も長所にできるかもしれない。住民が真剣に話し合い，政府の人材も活用することで，もっとよさが見えてくる。それを続けることで，自信がつき，政府に頼りすぎないまちになっていく

　授業日記から，Ｃ７は仲間の考えを取り入れながら，住民がやる気を出し，取り組むべきだと考えました。さらに，Ｃ７自身が持ち続けている取り組みの継続という考えを合わせ，地方が独自で動けるようになり，政府に頼らない状況をつくりあげることができると考えています。

第8時　自分の考えをまとめ，単元まとめを書く

　これまでの学習を振り返ったり，資料をまとめたりしながら自分の考えをまとめ，単元まとめを書きました（資料11）。

資料11　Ｃ７の単元まとめ

> 　地方創生の追究で感じたことは，**継続することの大切さ**である。アイデアとお金の意見が出たが，私は別々に考えた。**お金は地方創生のきっかけになるものである**。地方創生をはじめようと思っても，自力で取り組むことが難しい。
> 　その一方で，「今のままでよい」という住民を動かす必要がある。それは**危機感**である。具体的には，どのぐらい身を削るかである。それにより危機感を感じることができる。
> 　アイデアについては，政府に計画書を出すといくらかの修正が加わる。それにより補助金がでる。**全て地方のアイデアではないが，政府と相談してつくることも重要だ**。政府の考えを取り入れることで，継続的な取り組みができると考える。
> 　地方創生が意外に身近な問題であった。東京一極集中から始まった追究は，話し合いや取材を重ねるうちに，方法も大切だが**やる気や危機感のような人間的なものの大切さ**も感じられた。
> 　実際，**地方創生を進めていくのは人だから**あたりまえといえばあたりまえだが，最初は気づいていなかった。そして地方創生が動き出したら，継続することが大切だ。**何年後かの未来に地方が活性化していて，自分のまちも少しは人口が増えている**とよい。これまでの経験を生かしたい。
>
> （一部抜粋）

　Ｃ７は，これまでの追究により継続の必要を考え続けました。さらに話し合いの中心となった，経済的支援や人材支援などをふまえ，考えを深めていることがわかります。また，単元の最初には気づいていなかった，人の存在に気づき，地方創生を進める人の気持ちに迫ることもできました。そして，今後の日本の活性化についても考えることができました。

※本案は，第2・3時が2つめ，第4～6時が3つめ，第7時が4つめ，第8時が5つめの学習課題にあたります。

★チャレンジ もっと 主 対 深

学習課題　岡崎フィルムコミッションの活動は岡崎市のためになるのか

○学習課題のポイント
　自分の住んでいる町を，自分がこれまで持っていなかった切り口で見つめたいと感じられる学習課題に出合うことで，地方の活性化について多面的・多角的に考えられます。

○予想される学びの姿
・地方自治体の中には，とても有名な町があり，その理由は必ず存在します。この理由を考える中で，自分の町に何が欠けているのかを考えることにつながります。
・フィルムコミッションの存在を知らせます。その存在をはじめて知る子どもが多くおり，「自分の町に必要なのか」「そこまでして何がしたいのか」という疑問が生まれ，「フィルムコミッションの活動の意義」について問題意識を持ちます。
・地方自治体の中にはフィルムコミッションを立ちあげ，一定の成果があがっているところやそうではないところがあります。それぞれの自治体の考えを取材し，比較します。
・「フィルムコミッションの活動の意義」について，多面的・多角的に考察する中で，自治体が安定した税収入を得るために，住民を増やしたいという意図が見えてきます。現在の日本が置かれている少子高齢化や人口減少の問題が浮き彫りになってきます。

○活用できる教材
「フィルムコミッション」
　近年，地方自治体の中で映画やテレビ番組のロケ地の誘致や関係機関の撮影許可の仲立ちをする「フィルムコミッション」が立ちあがっています。ロケ地になると，いわゆる「聖地巡礼」として，多くの観光客が訪れ，自治体の知名度は上がっていきます。
　フィルムコミッションを立ちあげて，ロケ地を誘致することのメリットを考えることで少子化と人口減少が進む我が国において，町の魅力の新たな発信方法を知り，さまざまな形で町に住む人を増やしたいという地方自治体の切実な思いに触れることができます。

（志賀　充規）

第3章

中学公民
「見方・考え方」を育てる
授業づくりと評価のポイント

1 行動経済学の知見を取り入れた中学校公民の授業づくり

1 はじめに

　平成29年版中学校学習指導要領社会編公民的分野「B　私たちと経済　(1)市場の働きと経済」の中には，「希少性などに着目して，課題を追究したり解決したりする活動を通して，市場経済の基本的な考え方について理解すること。その際，市場における価格の決まり方や資源の配分について理解すること（筆者要約）」とあります。内容の取扱いでは，「市場における価格の決まり方や資源の配分」については，「個人や企業の経済活動が様々な条件の中での選択を通して行われていることや，市場における取引が貨幣を通して行われていることなどを取り上げること」とあります。さらに，「様々な財やサービスの購入，消費を通して豊かな生活を送ることや企業に利潤・利益をもたらすことについて多面的・多角的に考察し，表現すること」とあります。

　つまり，これから日本を背負って立つ将来有望な国民に経済的な見方・考え方を押さえさせると同時に，個人や企業にはどのような役割と責任があるのかをさまざまな視点から考え，表現することができる力を身につけることが求められているのです。

　近年，国内外の政治・経済の動向は不透明な様相を呈しており，預金・ローンの利率に関わる商品やサービスにおいても複雑で多様化してきています。そのため，より一層，一人ひとりの市民が経済的主体として，より賢い選択と意思決定をするための知識の向上や自己責任についての意識喚起と共に，金融に関するリテラシーの育成と意思決定力の向上を図ることが，より重要となってきています。

　経済的な見方・考え方として重要なのが，経済学の概念です。その基礎的・基本的な概念として「希少性」「選択」があります。資源は希少（限りがある）ですから，選択する必要があるというものです。また，我々は常に冷静に状況を分析し判断しているわけではありません。ときには感情に任せてみたり，何となくといった曖昧な状況で判断することもあります。しかし，従来の経済学は，全ての人間が常に自身と周りの状況を冷静に分析し，的確な意思決定を下しているものと考えて構築されています。当然そこには，ズレが生じています。

　そこで，すぐれた経済的意思決定ができる主体的な国民を育成するためには，子どもたちがこうしたバイアスに気づき，人間の心理的傾向を考えることも重要であるとの問題意識に基づき，本稿では，従来の経済学に心理学の知識や考え方を取り入れた行動経済学の知見を手がかりとした中学校社会科公民的分野における授業づくりについて記述します。

　具体的には，基礎的・基本的経済概念やミクロ経済学概念を活用しつつ，金融面を中心とし

たさまざまな経済的意思決定の場面，人間の限定合理性やバイアスなどと関わる行動経済学の理論を活用した事例などを取り入れた学習を展開することによって，金融に関して適切に判断・意思決定できる能力を向上させる一つの方法を提案したいです。

2 授業づくりにあたっての観点

(1) プロスペクト理論の活用

人間には，ときに直感に頼ったり，あまり熟考することなく意思決定することがあります。そのため，数多くの人がマルチまがい商法[1]などの悪質商法などで被害にあったり，その他さまざまな金融商品や日常の消費活動において損失を被ってきました。被害を最小限にくい止めたり，悪質なものから損失を被ることがないようにするためには，人間のこうした心理的性質を把握し，自分のバイアスに気づかせることが必要です。つまり，世の中が人間の合理性だけでは動かない理由を明らかにするという行動経済学の考え方が，ここでは役に立つのです。

ところで，こうした行動経済学の知見をより具体化したものにプロスペクト理論があります。プロスペクト理論とは，ダニエル・カーネマンが提唱したものであり，「人の効用（満足度）を決めるのは変化であり損失であって，状態（富の絶対量）ではない[2]」というものです。つまり「あるものの価値は自分が参照点（原点）と決めたところからの変化やそれとの比較で計られるものであって，絶対的な水準が価値を決めるものではない[3]」ということです（参照点依存性）。そしてカーネマンは，人が不確実な状況下で選択するときにどういう行動をとるかについて，次の二つの特徴があることを明らかにしています。その一つは「人は何かを得る時よりも，何かを失う場合の方が強く反応する[2]」ことです（損失回避性）。二つは「人が意思決定する時は，損失を被る選択に直面した時にはリスクを追求する傾向があり，逆に利益を得る領域ではリスク回避的になる[2]」ということです。本授業案では，こうしたプロスペクト理論の活用（価値関数で示される）を学習展開の中核に位置づけています。

(2) 本開発単元における学習内容の構造

金銭や時間などの資源には限りがあるため，人はいつ，何をするか，何をどれだけ売買するかなどを選択・意思決定しなければなりません。合理的な経済人であれば意思決定の際，限りある資源（希少性）を有効に使うために，選択肢に優先順位をつけ，「機会費用」すなわち，費用と便益について考え，冷静に判断するはずです。しかし私たちはときとして，直感的に判断，意思決定してしまうことがあります。また優先順位をつける段階や，機会費用を基に意思決定する場合でも，私たちに潜むバイアス（思い込み）に影響されることもあります。

ときとして私たちが非合理的な意思決定（判断）をするのは，資源が「希少」なためです。選択（トレード・オフ）の際に「機会費用」のことを考えるのですが，そのときに，損失を認めたくない（損失を確定させたくない）というバイアス（損失回避性）が作用するからです。

また私たちは，自分で勝手に基準となる数値（値段）をきめて，そこからの利益や損失を考える性質を持っています（参照点依存性）。このように，基礎的・基本的概念をツールとして意思決定させる場合，その背景には人間の心に潜むバイアスが作用することも理解させる必要があります。

(3) 授業づくりにあたっての工夫

　学習単元では，基礎的・基本的経済概念やミクロ経済学概念をさまざまな事例を通して把握させると同時に，「プロスペクト理論」を手がかりに，「需要と供給」に関わった意思決定場面を設定し，以下の工夫をしてはどうでしょうか。

① 子どもたちの興味関心を高めるために，日常生活の身近な題材を基に希少性，選択，機会費用，どのように意思決定したら最大の満足を得ることができるかを考えさせる。

② 行動経済学の基本的な概念である損失回避性，感応度逓減性を理解させるために子どもたちにとって身近な例をあげながら学習する。

③ 牛肉（他，勤務校や子どもたちの実態に合致したものでよい）の売買シミュレーションを行うことで，最初に成立した価格が基準となって，価格の価値が変化するかどうかを体験させる。

④ インフレーションとデフレーションにおける貨幣価値の違いに目を向けさせ，フレーミング効果（貨幣錯覚）について気づかせる。

＊行動経済学の知見については，プロスペクト理論など行動経済学の用語を覚えさせる必要はありません。あくまで自分自身の感情がどのように変化するのか，それはなぜかということの理解を重視します。

3 行動経済学の知見を取り入れた学習単元の構想

(1) 単元の目標

① 変化が確実な経済状況と不確実な経済状況における意思決定場面における人間（子ども自身）の行動の心理的特徴を理解させながら，思考力，判断力，表現力等，意思決定力の向上を目指す。

② 基礎的・基本的経済概念や消費者に直接関わるミクロ経済学概念（主に需要と供給）を習得しながら，貨幣の価値といったことを理解させる。

(2) 単元構成と主な学習活動（全6時間）

第1時：「昨日，あなたは何をした？」（希少性，選択，トレードオフ，機会費用の学習）
第2時：「感応度逓減性」と「損失回避性」（プロスペクト理論に基づいた事例検討①）
第3・4時：「需要と供給」（プロスペクト理論に基づいた事例検討②）
第5・6時：「貯蓄と投資①〜金利，インフレとデフレ〜」

第7時:「貨幣についてのフレーミング効果〜貨幣錯覚〜」
第8時:「単元のまとめ」

(3) 単元の指導計画（案）

時・学習課題	教師の働きかけ【　】 〇子どもの学習活動・予想される反応	留 意 点
第1時:「昨日,あなたは何をした?」 (希少性,トレードオフ,機会費用,の学習)	【昨日の帰宅後の自分の行動を振り返ってみよう】 〇勉強する予定だったのに,なぜテレビを見たりゲームをしたりなど,他のことをしてしまうのか,それらを選択した理由を考える 〇選択に際しての機会費用（損失と利得）を表に記入する 〇どのように選択すると最大の満足が得られるか考える	・いつも合理的な意思決定をしているかどうか,考えさせる ・時間は「希少」な資源であるので,何をするかを選択(「トレード・オフ」)する必要があり,それによって損失や利得が生ずること(「機会費用」)を捉えさせる ・選択という行為における損得や利得は,意思決定の時点だけではなく,時間の経過と共に変化するものであることを押さえる
第2時:「感応度逓減性」と「損失回避性」 (プロスペクト理論に基づいた事例検討①)	【マクドナルドのハンバーガーを10個食べるときの満足度を考えてみよう】 〇ハンバーガーを10個食べる場合の満足度の変化をグラフ化する 【人はお金に対して,どのような反応をするのだろうか】 〇事例(「儲かるとき,損するとき」)を検討する中で,自分が投資に向く考えを持っているかどうか,考えさせる	・グラフ化することによって,満足度が低下していくこと,「感応度逓減性」について理解させる ・給食の牛乳やおかずの量など,子どもにとって身近なものでもよい ・期待値を基に冷静に判断できるかを考えさせ,プロスペクト理論の「損失回避性」について理解させる
第3・4時:「需要と供給」 (プロスペクト理論に基づいた事例検討②)	【牛肉の模擬売買をしてみよう】 〇牛肉の売買シミュレーションを2回行う。売り手,買い手それぞれが最大の利益・満足を得ることを目指して,売買する 〇売買結果と価値関数をグラフ化する 〇売買をしていて,うれしいとき,嫌になるときはどんなときかを発表する	・利益時と損失時それぞれの気持ち,心理的状況を捉えさせる（価値関数） ・最初に成立した価格が基準となって,その後の価格が変化していくこと（参照点依存性）を実感させる ・人は得より損に敏感であること（損失回避性）を実感させる

第5・6時:「貯蓄と投資①〜金利,インフレとデフレ〜」	【金利について考えてみよう】 ○現在の定期預金や普通預金の金利を調べる 【金利(利子率)を基に利息を計算しよう】 ○元金が倍になるのに何年かかるか,計算する 【1年後に11,000円もらうか,それとも今10,000円もらうか,どちらがよいかを決めて,その理由を考えよう】 【インフレ,デフレと給料の増減との関係について考えよう】 ○インフレ,デフレのそれぞれの事例をもとに,給与の名目上と実質上の増減を計算する ○日本銀行の役割と金融政策についてもふれる	・現在の金利について調べさせ,バブル期の金利と比べて,かなり低いことに気付かせる ・「72の法則」を示した上で計算させ,金利によって増加率が違うことを理解させる ・前時で学習させた「損失回避性」について想起させると共に,人は必ずしも合理的な意思決定をするわけではないことを実感させる ・インフレの場合と,デフレの場合では,実質的な給与は異なることを実感させる
第7時:「貨幣についてのフレーミング効果〜貨幣錯覚〜」	【インフレとデフレにおける貨幣価値の違いについて考えてみよう】 ○インフレ,デフレの事例を検討する中で,金額の増減(表面上の変化)と購買力の増減(実質的な変化)について考え合う	・インフレ,デフレとは何か捉えさせ,物価の変動が経済にもたらす影響を考えさせる ・人には,貨幣の表面上の価値と実質的な価値を錯覚ないしは混同して考える心理的傾向があることに気付かせる
第8時:「単元のまとめ」	【本単元で学んだことをまとめよう】 ○感想を書いたり質問に回答したりする	・ワークシートに感想などを書かせると共に,質問紙に記入させる

4 評価のポイント

　人間(子ども)は実社会において,自らの欲求(必要)を充たす経済的場面に出合います。そしてそこでは,手持ちの希少な資源(お金)を,物・財・サービスを得るために使用するか,あるいは,将来に備えて蓄えておくかの判断・選択を迫られ,健全で合理的な意思決定を下すことを強いられます。本学習単元では,人間(子ども)は,時として非合理的な意思決定を行うことがあるということをふまえた上で,金融に関して「責任ある優れた意思決定をすることができる子ども」を育成することをねらいとしました。そしてまた,プロスペクト理論に準拠しながら,意思決定の際に人間はどういう心理状況に陥るか(人間はどう判断する傾向があるのかなど)をふまえた上で,経済事象を判断する力,経済的意思決定力を向上させていこうと

する学習過程を工夫しました。

　本学習単元案は，中学校社会科公民的分野の学習において，経済概念の把握をしつつ，意思決定の学習ステップの中にプロスペクト理論に基づいた内容（事例検討）を取り入れるという学習単元の構想を示したものです。本学習単元の評価ポイントとしては，新学習指導要領で育成を目指す資質・能力の「三つの柱」①何ができるようになるかについて以下の表のように考えました。

【知識及び技能】 ①何を理解しているか ②何ができるか	【思考力，判断力，表現力等】 理解していること・ できることをどう使うか	【学びに向かう力，人間性等】 どのように社会・世界と関わり， よりよい人生を送るか
①需要と供給の概念を理解しているか ①プロスペクト理論（価値関数・損失回避性）がどのようなものか理解しているか ①人間（自分）の感情がどのように意思決定に影響を及ぼしているか理解している ②時間や金銭など有限な資源をどのように的確に配分（選択・意思決定）することができるか	・学び得た行動経済学の知見を，自分自身の日常生活に役立たせているか。知識としてではなく，実際に自分自身の冷静な意思決定を基にした生活向上に役立てているかどうか	・個人の意思決定が自分自身の生活と周りにどのような影響を及ぼしているかを考え，これからの生活を送ろうとしているか

　　　　　　　　　　　　　　　　　　　　　　　　　　　　　　　　　　　　（田村　徳至）

【註】
1）マルチ商法は，特定商取引法において連鎖販売として①書面の交付義務，②不当な勧誘行為の禁止，③20日間のクーリング・オフの適用など，厳しく制限されている。これまで度々問題になっていることから，加入する場合は冷静な判断をすることが求められる。マルチまがい商法（例　ねずみ講）は違法である。
　詳しくは，国民生活センター・各都道府県消費生活センターホームページなどを参照のこと。
2）友野典男監訳（2011）『ダニエル・カーネマン　心理と経済を語る』楽工社
3）友野典男（2006）『行動経済学　経済は「感情」で動いている』光文社

【参考・引用資料】
　本稿の学習指導案と行動経済学に関わる文章内容は主に下記の書籍・論文を参考，引用したものである。
・平成29年版中学校学習指導要領解説社会編
・山本友和・田村徳至「中学校社会科における金融・消費者教育の学習単元に関する研究　行動経済学の知見を手がかりとして」（2013）『教育実践研究第23集』上越教育大学学校教育実践研究センター

2 通常の学級での学習指導における「合理的配慮」の提供

1 特別支援教育をめぐる近年の動き

　文部科学省初等中等教育局特別支援教育課「通常の学級に在籍する発達障害の可能性のある特別な教育的支援を必要とする児童生徒に関する調査結果について」（平成24年12月5日）では，通常の学級に在籍する「知的発達に遅れはないものの学習面又は行動面で著しい困難を示すとされた児童生徒の割合」が推定値で6.5％であることが示されました。それ以外の子どもにも，何らかのつまずきや困難があり，教育的支援を必要としている可能性があります。

　また，学校教育法施行令の改正（平成25年9月1日施行）によって，就学先を決定するしくみが改められ，障害のある子どもが通常の学級に在籍することが多くなっています。

　したがって，通常の学級の担任・教科担任についても，発達障害を含めたさまざまな障害に関する知識を深め，子どものつまずきや困難な状況等の背景を正しく把握し，適切な指導や必要な支援につなげていく力を身につけることが求められています。特別支援教育に関する国の施策や法令等をまとめると，次のとおりです。

① 障害者の権利に関する条約の締結　〈平成18（2006）年12月国連総会採択〉

　教育に関しては，「インクルーシブ教育システム」の理念が提唱され，「個人に必要とされる合理的配慮」の提供等が必要とされました（第24条）。日本は，平成19（2007）年9月に同条約に署名し，国内の関係法令等を整備して，平成26（2014）年1月に批准しました。

② 学校教育法の改正　〈平成19（2007）年4月施行〉

　特別支援教育について，「教育上特別の支援を必要とする幼児，児童及び生徒に対し，（中略）障害による学習上又は生活上の困難を克服するための教育」（第81条）と規定されました。同法の改正を受けて，文部科学省「特別支援教育の推進について（通知）」（平成19年4月1日）では，特別支援教育の基本的な考え方や留意事項等が示され，医師による障害の診断だけではなく，校内委員会により「障害による困難がある」と判断された子ども等も特別支援教育の対象とされました。

③ 障害者基本法の改正　〈平成23（2011）年8月施行〉

　国及び地方公共団体は「可能な限り障害者である児童及び生徒が障害者でない児童及び生徒と共に教育を受けられるよう配慮しつつ，教育の内容及び方法の改善及び充実を図る等必要な施策を講じなければならない」（第16条第1項）と規定されました。

④ 中央教育審議会初等中等教育分科会「共生社会の形成に向けたインクルーシブ教育システム構築の特別支援教育の推進（報告）」〈平成24（2012）年7月23日〉

共生社会の形成に向けたインクルーシブ教育システムの構築，障害のある子どもたちが十分に教育を受けられるための「合理的配慮」の提供，その基礎となる環境整備の充実等が示されました。

〈本報告における用語の定義〉
○「インクルーシブ教育システム」とは，障害者の権利に関する条約の第24条に基づき，「人間の多様性の尊重等の強化，障害者が精神的及び身体的な能力等を可能な最大限度まで発達させ，自由な社会に効果的に参加することを可能とするとの目的の下，障害のある者と障害のない者が共に学ぶ仕組み」であり，障害のある者が教育制度一般から排除されないこと，自己の生活する地域において初等中等教育の機会が与えられること，個人に必要な「合理的配慮」が提供される等が必要。
○「合理的配慮」とは，「障害のある子どもが，他の子どもと平等に『教育を受ける権利』を享有・行使することを確保するために，学校の設置者及び学校が必要かつ適当な変更・調整を行うことであり，障害のある子どもに対し，その状況に応じて，学校教育を受ける場合に個別に必要とされるもの」，「学校の設置者及び学校に対して，体制面，財政面において，均衡を失した又は過度の負担を課さないもの」。
○「基礎的環境整備」とは，「『合理的配慮』の基礎となる環境整備」であり，障害のある子どもに対する支援について，法令に基づき又は財政措置により行う教育環境の整備。
【出典】http://www.mext.go.jp/b_menu/shingi/chukyo/chukyo3/044/attach/1321669.htm

---

⑤　障害を理由とする差別の解消の推進に関する法律の制定　〈平成28（2016）年4月施行〉

　「全ての国民が障害の有無によって分け隔てられることなく，相互に人格と個性を尊重し合いながら共生する社会の実現」（第1条）を目的としました。同法では，私立学校をはじめとする民間事業者を対象に「不当な差別的取扱い」が禁止され，「合理的配慮」の提供に努めることが義務づけられました。公立学校については，各地方公共団体において，対応要領の作成が努力義務とされました。

⑥　中学校学習指導要領の改訂　〈平成29（2017）年3月告示〉

　総則に「特別な配慮を必要とする生徒への指導」として，「障害のある生徒などへの指導」が明記され，障害のある子どもなどへの指導においては，「特別支援学校等の助言又は援助を活用しつつ，個々の生徒の障害の状態等に応じた指導内容や指導方法の工夫を組織的かつ計画的に行う」ものとし，実態に応じた教育課程の編成，「個別の教育支援計画」や「個別の指導計画」の作成・活用が示されました。社会科の指導計画の作成においても，「学習活動を行う場合に生じる困難さに応じた指導内容や指導方法の工夫を計画的，組織的に行う」ことなどの配慮事項が示されました。

2 「分かる，できる，楽しい授業」に求められる「合理的配慮」

　文部科学省は，「小・中学校における LD（学習障害），ADHD（注意欠陥／多動性障害），高機能自閉症の児童生徒への教育支援体制の整備のためのガイドライン（試案）」（平成16年１月）を見直し，「発達障害を含む障害のある幼児児童生徒に対する教育支援体制整備ガイドライン」（平成29年３月）を作成しました。見直しの観点として，対象を「発達障害のある児童生徒等に限定せず，障害により教育上特別の支援を必要とする全ての児童生徒等に拡大」したこと，「関係者の役割分担及び必要な資質を明確化」したことなどが示されています。

　本ガイドラインにおいて，通常の学級の担任・教科担任は「自身の学級に教育上特別の支援を必要とする児童等がいることを常に想定し，学校組織を活用し，児童等のつまずきの早期発見に努めるとともに行動の背景を正しく理解する」こと，授業は「全ての児童等にとって，分かる，できる，楽しい授業である」ことを求めています。特別支援教育の視点を生かして，通常の学級の授業においても「めあてや学習の流れ等を板書その他の方法で視覚化する」「授業の開始，終了時刻を事前に伝える」「発表のルールを明示するなど，話し方や聴き方を提示する」「教室内の座席配置や設営を工夫する」といったことが例示されました。

　また，通常の学級の担任・教科担任は，在籍する教育上特別の支援を必要とする子どものつまずきや困難な状況を早期に発見することができるよう，子どもが示す様々なサインに気づくことが重要です。特に，学習障害のある子どもについては，文字や数字を扱う場面が少ない幼少期においては周囲から気づかれる可能性が低く，就学してから学習上の困難が顕在化することが多いです。学習障害により困難を示す領域は，「聞く能力」「話す能力」「読む能力」「書く能力」「計算する能力」「推論する能力」であり，このうちの一つ又は複数について著しい困難を示す状態を指します。一人ひとりの障害の状態や教育的ニーズ等に応じて，指導内容や指導方法を工夫したり，「合理的配慮」を提供したりすることが求められます。

　文部科学省初等中等教育局特別支援教育課「教育支援資料」（平成25年10月）では，障害種ごとの障害の把握や具体的な配慮の観点等について，解説がされています。学習障害のある子どもの教育においては，次のような指導方法が示されています。

〈学習障害のある子どもに必要な指導方法（抜粋）〉

① 「指示が理解できない」場合には，注意が集中できないのか，聞いただけでは理解できないのか等，その要因を明らかにした上で，視覚的な補助，復唱，聴写等の指導方法を組み合わせる。

② 「伝えたいことを相手にうまく伝えられない」場合には，その要因を明らかにした上で，絵を見て話したり，「いつ」「どこで」「誰が」「何を」「どうする」等の項目に沿って話したりする等の指導を行う。

③「音読が苦手」で，聴覚的処理に困難がある場合には，「がっこう」を「○○○○」と捉えられるようにする等，音を視覚的にとらえる指導や支援機器を使って音声教材を繰り返し聞く等の指導を行う。視覚的処理に困難がある場合には，文字単位ではなく，そのまとまりである単語全体としてとらえられるようにする指導や文字を拡大したり，行間を広げたりすることができるような教材を使っての指導を行う。

④「読解が苦手」な場合には，文章の内容の把握ができているか，文章中の指示語の理解ができているか，説明文と物語文のどちらの読解が苦手か等，そのつまずきのレベルや要因を明らかにした上で，文章や段落ごとの関係を図示したり，重要な箇所に印を付けたりする等の指導を行う。

⑤「文字を正確に書くことが苦手」な場合には，適切な文字を思い出すことができないのか，細かい部分を書き間違えるのか，同じ音の漢字や形が似ているアルファベットと間違えるのか等，そのつまずきのパターンを把握した上で，漢字の成り立ち等の付加的な情報を指導し，意味付けを行うことや文章や文字をなぞって書くこと等の指導方法を組み合わせる。

⑥「作文を書くことが苦手」な場合には，作文を書く際の視点を養うための推こう課題に取り組んだり，「いつ」「どこで」「誰が」「何をして」「どう思ったか」等の質問形式から取り組み始めたりするなどの工夫をしながら，作文の指導を行う。

⑦「計算に困難さがある」場合には，数の概念の未熟さ，記憶力の弱さ，視覚認知面の課題，思考力の弱さ等の要因が考えられる。つまずきの要因を明らかにした上で，数概念の拡大や計算の手順の獲得をねらいとして，絵カード等を活用して理解を進める。

⑧「算数（数学）の文章題が苦手」な場合には，文章中にある条件を記憶する力や，示されている条件をもとに立式する思考力に弱さがあるのか等，その要因を明らかにした上で，その問題が何を問うているのか，ヒントは何なのか，どのような概念や公式が必要か等に着目させる。

⑨「図形を含む課題が苦手」な場合には，視覚認知能力や空間操作能力，器具の扱いに困難があるのか等，その要因を明らかにした上で，間違い探しや回転課題等，観点を絞った基本的な図形の学習や，図形の特徴や操作を言葉に直す等の指導を行う。

⑩「位置や空間を把握することが苦手」な場合には，自分を取り巻く空間で身近な物の位置関係をどの程度把握しているかを明らかにした上で，ボディーイメージの形成や空間での位置関係の把握のため，学校周辺の地図の作成等，実際に体験できる活動を取り入れるとともに，パズルや積み木模様の構成等を行う。

【出典】http://www.mext.go.jp/component/a_menu/education/micro_detail/__icsFiles/afieldfile/2014/06/13/1340247_14.pdf

前述の中央教育審議会初等中等教育分科会報告（平成24年7月23日）では，障害種別に応じた「合理的配慮」を観点ごと（①教育内容・方法，②支援体制，③施設・設備）に例示しています。学習障害のある子どもの教育においては，次のような観点の配慮が示されています。また，複数の種類の障害を併せ有する場合には，各障害種別に例示している「合理的配慮」を柔軟に組み合わせることも示されました。

〈学習障害のある子どもの教育における「合理的配慮」の観点（抜粋／表は略）〉

①－1－1　学習上又は生活上の困難を改善・克服するための配慮（別表1）
　　読み書きや計算等に関して苦手なことをできるようにする，別の方法で代替する，他の能力で補完する等に関する指導を行う。（文字の形を見分けることをできるようにする，パソコン，デジカメ等の使用，口頭試問による評価等）

①－1－2　学習内容の変更・調整（別表2）
　　「読む」「書く」等特定の学習内容の習得が難しいので，基礎的な内容の習得を確実にすることを重視した学習内容の変更・調整を行う。（習熟のための時間を別に設定，軽重をつけた学習内容の配分等）

①－2－1　情報・コミュニケーション及び教材の配慮（別表3）
　　読み書きに時間がかかる場合，本人の能力に合わせた情報を提供する。（文章を読みやすくするために体裁を変える，拡大文字を用いた資料，振り仮名をつける，音声やコンピュータの読み上げ，聴覚情報を併用して伝える等）

①－2－2　学習機会や体験の確保（別表4）
　　身体感覚の発達を促すために活動を通した指導を行う。（体を大きく使った活動，様々な感覚を同時に使った活動等）また，活動内容を分かりやすく説明して安心して参加できるようにする。

①－2－3　心理面・健康面の配慮（別表5）
　　苦手な学習活動があることで，自尊感情が低下している場合には，成功体験を増やしたり，友達から認められたりする場面を設ける。（文章を理解すること等に時間がかかることを踏まえた時間延長，必要な学習活動に重点的な時間配分，受容的な学級の雰囲気作り，困ったときに相談できる人や場所の確保等）

③－2　発達，障害の状態及び特性等に応じた指導ができる施設・設備の配慮（別表10）
　　類似した情報が混在していると，必要な情報を選択することが困難になるため，不要な情報を隠したり，必要な情報だけが届くようにしたりできるように校内の環境を整備する。（余分な物を覆うカーテンの設置，視覚的にわかりやすいような表示等）

【出典】http://www.mext.go.jp/b_menu/shingi/chukyo/chukyo3/044/attach/1323312.htm

3 インクルーシブ教育システムの構築に向けた「合理的配慮」を充実させるために

　障害のある子どもと障害のない子どもが共に教育を受けるというインクルーシブ教育システムを構築するためには，特別な支援を必要とする子どもの状態を確認して，障害のある子どもが十分に教育を受けられるための「合理的配慮」を提供しなければなりません。しかし，「合理的配慮」は，一人一人の障害の状態や教育的ニーズ等に応じて決定・提供されるものであり，多様かつ個別性が高いものです。

　したがって，通常の学級の担任・教科担任は，独立行政法人国立特別支援教育総合研究所の発達障害教育推進センター（http://icedd_new.nise.go.jp/）や以下のウェブサイト等で紹介されている指導や支援の事例を参考にして，学習面で特別の支援を必要としている子どもだけでなく，全ての子どもが理解しやすいように配慮した授業を展開していきたいものです。

① 　インクルーシブ教育システム構築支援データベース
　　（インクルDB　http://inclusive.nise.go.jp/）
　　「『合理的配慮』実践事例データベースⅠ・Ⅱ」では，文部科学省の「インクルーシブ教育システム構築モデル事業」で取り組まれている実践事例を「在籍状況」「学年」「障害種」，それらの組み合わせから検索することができます。

② 　特別支援教育教材ポータルサイト（支援教材ポータル　http://kyozai.nise.go.jp/）
　　「対象の障害」「特性・ニーズ」「主な対象年代」「教科名等」「支援機器分類」から教材・支援機器を，「対象の障害」「特性・ニーズ」「主な対象年代」「教科名等」「幼児児童生徒の在籍状況」から実践事例を検索することができます。

　特に，公民的分野の学習では，政治，法，経済などに関する専門的な用語・語句を理解したり，社会的事象に関する様々な情報を読み取ったり，話し合った内容をまとめ・発表したりするなどの様々な活動を取り入れています。情報が読み取りにくい場合には見やすく・分かりやすい資料を精選して扱ったり，まとめることが難しい場合には考察する順に記入欄を設けたワークシートを活用したりするなど，子どもの実態に応じた配慮が必要となります。

（佐藤　央隆）

【参考資料】
1）田中裕一監修，全国特別支援学級設置学校長協会編著（2017）『小・中学校でできる「合理的配慮」のための授業アイデア集』東洋館出版社
2）独立行政法人国立特別支援教育総合研究所（2013）『改訂新版 LD・ADHD・高機能自閉症の子どもの指導ガイド』東洋館出版社
3）花熊曉・米田和子編著（2016）『中学校ユニバーサルデザインと合理的配慮でつくる授業と支援』明治図書出版

3 「見方・考え方」をどう捉えるか
——評価の手法

1 学力観の転換と評価

　従来の学習指導要領では，各教科で求められる知識・技能の内容項目を中心とした学習すべき内容が示されてきました。一方，平成29年版中学校学習指導要領では，育成を目指す資質・能力の明確化を目的として，各教科で「知識及び技能」，「思考力，判断力，表現力等」，「学びに向かう力，人間性等」の三つの柱に基づいた目標が示されました。これは，資質・能力の育成に向けたドラスティックな改革といえます。この資質・能力の育成のため，「主体的・対話的で深い学び（アクティブ・ラーニング）」の実現に向けた授業改善の推進が求められています。その際，「主体的・対話的」のみならず「深い学び」を実現するために，各教科等の特質に応じた独自の物事を捉える視点や考え方である「見方・考え方」を働かせることが重要となります。

　以上のように，「コンテンツ・ベース（知識・技能の内容項目中心）」から「コンピテンシー・ベース（資質・能力中心）」に転換したことを受け，各教科において，評価をいかにして行っていくかということを考える必要があるでしょう。そこで本節では，社会科における評価の手法を検討していきます。その際，評価規準づくりとパフォーマンス評価に焦点をあて，社会科公民的分野でそれをいかにして具現化できるかということを考えてみたいと思います。

2 評価規準はどのようにつくるか

　評価規準とは，教育目標に即して実際に「何をどのような観点で評価するか」ということを記述したものを指します。これと同音意義語で，同じく教育評価の文脈において非常に重要な概念として評価基準があり，それは，「どの程度できているか」という目標達成の度合いを記述するものです。ちなみに，この評価基準をさらに質的なものとし，より深いレベルで子どもを見取るために提案された評価指標が後述の「ルーブリック」です。

　現在，教育評価においては，教育目標を評価規準として子どもたちの学力を評価する「目標に準拠した評価」が主流となっています。そのため，評価規準づくりは非常に重要な意味を持ちます。評価規準づくりとは，端的にいえば，教育目標，すなわち，単元ないし一時間の授業の目標を評価の時点で評価規準としてそのまま置き換えることです。したがって，単元ないし一時間の授業をつくる段階で到達されるべき目標を明確化しておく必要があります。その際，単元でできること，また，各時間の授業でできることといったように，重層的に目標を立てて

おくとよいでしょう。具体的に，目標（＝評価規準）の立て方の一例を示します[1]。

オーソドックスな目標の立て方として，学習指導要領の目標と内容，それを具現化する教科書，そして，子どもの実態等をふまえて行う方法が考えられます。

まず，学習指導要領の要求はどのようなものか，教科書の本文や図版にはどのようなものがあるか，学習者である子どもの関心や疑問はどのようなものか，現代社会の関心や課題はどのようなものかといった状況を確定しておきます。

次に，それらの状況をふまえながら，単元の目標を観点別に表現し，特にどの観点に重点化するかということを意思決定します。この観点は，三つの柱を基に考えるとよいでしょう。それらに関して，社会科公民的分野に引きつけて簡単に説明しておきます。「知識及び技能」の「知識」とは，民主政治の意義，国民の生活の向上と経済活動との関わり，現代の社会生活及び国際関係などについての理解を図るための知識の習得と活用のことを指します。また，「技能」とは，諸資料から現代の社会的事象に関する情報を効果的に調べまとめる（収集する，読み取る，まとめる）技能のことです。「思考力，判断力，表現力等」の「思考力」と「判断力」とは，社会的事象の意味や意義，特色や相互の関連を現代の社会生活と関連付けて多面的・多角的に考察する力や，社会に見られる課題の解決について公正に判断する力のことを指します。そして，「表現力」とは，思考・判断したことを説明する力，また，それらを基に議論する力のことです。「学びに向かう力，人間性等」の「学びに向かう力」とは，現代社会に見られる課題の解決を視野に主体的に社会に関わろうとする態度を指します。また，「人間性等」とは，国民主権を担う公民として，自国を愛し，その平和と繁栄を図ることや，各国が相互に主権を尊重し，各国民が協力し合うことの大切さについての自覚のことです。

単元の目標が設定できたら，次にそれを構成する各時間の目標を設定します。もちろん，一時間単位で目標を立てる際，全ての観点を網羅するのが不可能なことの方が多いでしょう。したがって，全ての観点を網羅する必要はありませんが，その一時間の授業の目標が単元の目標のどの部分を担っているのかということを明確にしておくことが重要です。

以上のような，目標を観点別に立て，その中の一つの観点に重点化するという，一連の過程を実践する際，教科指導の目的を振り返り，確認しておくことが重要となります。教科指導の目的には，社会科の理念，国の政策目標，地方自治体の教育プロジェクト，学校の経営目標，学級の指導上の課題，そして，教師自身の教科指導における信念，生徒指導における信念など，さまざまなものがあります。これらを整序し，自身の社会科観を言葉で表現できるようにしておけることが望ましいです[2]。そして，単元ないし一時間の授業の目標は，絶えずこの社会科観に立ち返って整合させていくことが重要です。それにより，目標を立てる際に書くことが明確となり，また，重点化の際もどこにウェートを置けばよいかが自ずと見えてくるでしょう。

では，具体的な事例を交えながら，目標を観点別に考えてみましょう。ここでは，「自由権とプライバシーを巡る問題」[3]を事例とします。これは，「人間の尊重と日本国憲法の基本的

原則」を学んだ後の応用として開発された投げ込みの小単元です。

　まず，平成29年版学習指導要領の「人間の尊重と日本国憲法の基本的原則」に関する内容，当該の教科書の内容に目を通し，また，子どもの関心や疑問，現代社会の関心や課題を確認します。子どもの関心や疑問は，例えば，具体的な裁判の事例や自分たちが論争問題を議論することに関心を持っているといったことが考えられます。現代社会の関心や課題は，例えば，私事化が進み，社会に関わる機会が必要である，といったことが想定できます。

　同時に，教師は自身の教科指導の目的を内省するようにします。例えば，「民主主義の形成者として，社会的な論争問題に対して価値判断・意思決定できる能力を子どもたちに育成したい」という社会科観を持っているならば，それと先ほど確認したことを突き合わせ，整序し，目標を立てます。実際にやってみましょう。

　上記をふまえれば，「自由権とプライバシーを巡る問題を多面的・多角的に考察し，価値判断・意思決定することができる」といった「思考力，判断力，表現力等」の目標がまず立てられるでしょう。それを達成するために，どのような「知識及び技能」が必要かを考えると，「資料から情報を読み取り，自由権とプライバシーを巡る問題における争点を理解できる」といったものが挙げられます。さらに，それらを下支えする「学びに向かう力，人間性等」はどのようなものかと考えると，「社会における多様な人々の立場に立って，主体的に考えようとしている」といったものが想定できます。このように考えれば，「思考力，判断力，表現力等」が重点目標となります。評価の際，この観点別の目標が評価規準として置き換えられます。

3　パフォーマンス評価はどのように実施するか

(1)　パフォーマンス課題づくり

　パフォーマンス課題とは，「リアルな文脈（あるいはシミュレーションの文脈）において，知識やスキルを総合して使いこなすことを求めるような課題」[4]を指します。具体的には，レポートや新聞などの作品や，プレゼンテーションやディベートなど実演を評価する課題です。一例を示します[5]。

　第1に，重点目標の検討です（「2」参照）。第2に，単元ごとの「本質的な問い」の設定です。それは，「論争的で，子どもたちの研究を触発するような問いであり，一問一答では答えられないもの」かつ「学問の中核に位置する問いであると同時に，生活との関連から『だから何なのか』が見えてくるような問いでもある」という特徴を有します[6]。第3に，「永続的理解」の明文化です。具体的には，「この学年の今，目の前にいる子どもたちには，この『本質的な問い』に対応して，この程度，理解してほしい」という内容をイメージし，明確化します[7]。なお，本事例は小単元レベルで示しており，「本質的な問い」「永続的理解」のようなレベルではありません。ちなみに，「本質的な問い」には，「民主的な国家とは何か」といったも

のが、「永続的理解」には、「憲法に基づいて国家の行為が制限されることで、人権が守られるとともに、国民が政治に参加して意思決定できる国が、民主的な国家である」といったものがあります。第4に、パフォーマンス課題のシナリオづくりです[8)]。その際、課題の目的は何か、課題の中で子どもが果たす役割は何か、誰を相手に表現するのか、想定されている状況は何か、生み出すべきパフォーマンスは何か、評価の観点は何かの6つを考えるとよいでしょう。ただし、この6つは必ず用いなくてもよいです。本単元であれば、例えば、次のようなものが想定できます。

> あなたは裁判官です。以下の事件に関して判決を下し、判決書を作成してください。
> 　作家Aは、困難を乗り越えて生きていく知人Bの姿に感動し、Bをモデルとした人物を登場させた小説を発表した。発表後、Bはその人物の存在とともに、それが自分であると特定されやすい情報（属性、容姿、性格、家族など）が書かれていることを知る。AはBに「あなたのことを小説に書きたい」と言ったことはあるが、Bにその内容を話したり、了承を得たことはない。Bはプライバシーの権利の侵害であるとし、Aと出版社を相手に出版差し止めを求めて裁判を起こした。Aは、表現の自由があること、Bを貶める意図はないこと、虚構性を高めてあることを理由にそれは受け入れられないと主張している。

(2) ルーブリックづくり

パフォーマンス課題は、解答に多様性が認められるため、質的な判断が必要となってきます。そこで用いられるのがルーブリックであり、それは、「成功の度合いを示す数値的な尺度（scale）と、それぞれの尺度に見られるパフォーマンスの特徴を示した記述語（descriptor）から成る評価基準表」[9)]です。引き続き、「自由権とプライバシーを巡る問題」を題材に例示します（表）。

ルーブリックを作成する際の手順の一例を示します[9)]。第1に、パフォーマンス課題を実践し、多数の子どもの作品を集めます。第2に、ぱっと見た印象で作品を採点します。その際、3～6点程度を満点とし、さらに、複数名で採点するのが望ましいでしょう。また、複数名で行えることが望ましいです。複数名で行う場合は、お互いの採点がわからないように、付箋に採点結果を記して作品の裏に貼りつけ、採点し終わったら、付箋を作品の表に貼り直すようにします。第3に、それぞれの点数の作品群を吟味し、その特徴を読み取り、記述語を書きます。複数名で行う場合、全員が同じ点数をつけたものから分析していくとよいでしょう。それらが一通り記述できたら、意見が分かれた作品についても検討し、的確に評価できるように記述語を練り直します。その際、各点数で求められているパフォーマンスの特徴をより明確に示すため、各点数の特徴を表す典型的なパフォーマンスの事例（アンカー作品）を選び出し、ルーブリックに添付しておくとよいでしょう。また、必要に応じて評価の観点に分け、観点別ルーブリックにしましょう。

ルーブリック作成にあたっては、課題の分析を行い、事前に予想される子どもの解答をリス

トアップし，それを踏まえて，予めルーブリックの素案をつくり，視点を明確化しておくことが必要です。社会科の学力を見取るにしても，視点が明確でなければ，他のものに覆い隠され，見えなくなってしまうでしょう。では，いかにして，社会科の学力を見取るためのルーブリックの素案をつくればよいのでしょうか。以下に，その一例を示します[11]。まず，単元もしくは授業目標を評価規準に置き換えます。ここから，2つの方法が考えられます。第1は，量の増加で指標をつくるパターンです。例えば，記憶している知識が1つか，2つか，3つか，説明の視点が1つか，2つか，3つか，主張の根拠が1つか，2つか，3つかのように，到達度を段階化した上で，目標達成の水準を確定します。第2は，質の深化で指標をつくるパターン。例えば，概念の意味を記述できるか，概念の意味を具体的な事例に引きつけて説明できるか，概念を活用して身近な問題を説明できるか，のように段階化して，目標達成の水準を確定します。また，上記2つを組み合わせて作成する第3のパターンも考えられます。

表　ルーブリックの例（筆者作成）

観点	4	3	2	1
知識及び技能 知識の習得と活用及び諸資料から調べまとめる技能	資料から情報を読み取り，事件の概要，日本国憲法第13条及び第21条，対世効における争点を理解できる	資料から情報を読み取り，事件の概要に加えて日本国憲法第13条及び第21条，または，対世効における争点を理解できる	資料から情報を読み取り，事件の概要における争点を理解できる	資料から情報を読み，事件の概要に触れることができる
思考力，判断力，表現力等 多面的・多角的に考察する力，公正に判断する力，説明や議論をする力	双方の主張，法理，対世効の複数の観点から根拠を考え，価値判断・意思決定し，判決書を書くことができる	双方の主張に加えて法理，または，対世効から根拠を考え，価値判断・意思決定し，判決書を書くことができる	双方の主張から根拠を考え価値判断・意思決定し，判決書を書くことができる	2つの主張のうち，自身の支持する立場を決め，判決書に書くことができる
学びに向かう力，人間性等 課題を主体的に解決しようとする態度・国民主権を担う公民としての自覚	社会における多様な人々の立場に立って，主体的に考えようとしている	自分なりの根拠を主体的に考えようとしている	当事者の気持ちに寄り添って根拠を主体的に考えようとしている	判決書を書くことに取り組もうとしている

4 指導と評価の一体化を目指して

　本節では，評価規準づくりとパフォーマンス評価を検討しました。紙幅の関係で，取り扱えませんでしたが，ポートフォリオ評価や伝統的なペーパーテストという手法もあります。評価の手法には，一長一短があり，教師は子どもの学びから何を見取るかということを明確にした上で，どの手法が適しているかを選び採っていく必要があります。このように指導と評価の一体化を意識しなければ，授業の改善や子どもへの具体的な支援をフィードバックすることも叶わず，評価は意味をなしません。そのため，教師が自身の社会科観を問い直しながら，その中で，指導と評価の関係を一貫させていくことが不可欠です。学習指導要領が改訂された今こそ，「社会科とは何か」という根源的な問いを改めて考えてみるときではないでしょうか。

(岡田　了祐)

【註】
1) 目標づくりに関しては，次の資料を参照。魏思遥・寺嶋崇（2015）「授業前の「教材研究」から考える授業改善」草原和博監修『社会科授業力改善ハンドブック（資料）』pp.4-13
2) 様々な条件を考慮，調整し意思決定するような自立的な調整機能のことをゲートキーピングという。スティーブン・J・ソーントン（2012）『教師のゲートキーピング』（渡部竜也・山田秀和・田中伸・堀田諭訳）春風社
3) 岩渕（2012）氏が開発された授業を参照した。岩渕満（2012）「法的意思決定力を育成する中学校社会科公民的分野の授業開発―単元「表現の自由とプライバシーを巡る問題」の場合―」中国四国教育学会編『教育学研究紀要』58(2), pp.464-469
4) 西岡加名恵（2009）「パフォーマンス課題の作り方と活かし方」西岡加名恵・田中耕治編著『「活用する力」を育てる授業と評価　中学校』学事出版，p.8
5) パフォーマンス評価に関しては，次の文献を参考にした。西岡，前掲書（2009）pp.8-19／三藤あさみ（2009）「検討会で関連づけて思考する力を育成する」西岡加名恵・田中耕治編著『「活用する力」を育てる授業と評価　中学校』学事出版，pp.34-45／三藤あさみ・西岡加名恵（2010）『パフォーマンス評価にどう取り組むか』日本標準／G.ウィギンズ，J.マクタイ（2012）『理解をもたらすカリキュラム設計』（西岡加名恵訳）日本標準／西岡加名恵（2015）「教育実践の改善」西岡加名恵・石井英真・田中耕治編『新しい評価入門』有斐閣，pp.143-167
6) 西岡，前掲書（2009）pp.11-12. を参照
7) 前掲，p.12を参照
8) パフォーマンス課題のシナリオづくり（GRSPS）に関しては，次の文献を参考にした。G.ウィギンズ，J.マクタイ，前掲書（2012）／三藤・西岡，前掲書（2010）
9) 石井英真・田中耕治（2003）「米国における教育評価研究の動向」田中耕治編『教育評価の未来を拓く』ミネルヴァ書房，p.205
10) ルーブリックづくりに関しては，次の文献を参考にした。石井英真（2012）「ルーブリック」田中耕治編著『よくわかる教育評価　第2版』ミネルヴァ書房，pp.48-49／西岡，前掲書（2015）／松下佳代（2007）『パフォーマンス評価』日本標準，pp.23-27
11) ルーブリックの素案づくりに関しては，次の資料を参照。拙稿（2015）「Ⅵ章　授業後の「評価」から考える授業改善」草原和博監修『社会科授業力改善ハンドブック（資料）』pp.54-63／拙稿（2016）「アクティブ・ラーニングを位置づけた中学校社会科の授業の評価」小原友行編著『アクティブ・ラーニングを位置づけた中学校社会科の授業プラン』明治図書出版，pp.123-134

おわりに

　なぜ,「社会的な見方・考え方を働かせ,課題を追究したり解決したりする活動を通して」という文言が,平成29年版中学校学習指導要領に新たに加わったのでしょうか？ しかも,この文言は,小学校学習指導要領においても社会科の目標に加えられており,高等学校学習指導要領の地理歴史科,公民科の目標にも同様に加わっています。

　これは,中央教育審議会答申において,平成20年版の学習指導要領における小・中・高等学校を通した社会科,地理歴史科,公民科の課題として,「課題を追究したり,解決したりする活動を取り入れた授業が十分に行われていないこと」が指摘されたのをふまえて改善されたのです。このような学習指導要領の改訂の趣旨は理解できたものの,筆者の中では,冒頭の疑問について,まだ何か引っかかるものを感じていました。しかし,最近,なぜこの文言が加えられる必要があったのか,腑に落ちた出来事がありました。大学２年生を対象に社会科の授業づくりを行う中で,学生たちが最初に作成した指導案を検討したところ,単元構想や本時の授業の展開において,課題を追究したり,解決したりする活動が設定されておらず,教師の説明を聞いたり,教師の発問に対して答えるだけの授業になっていたのです。また,自分たちが生活する現実の身近な社会の問題を取りあげるのではなく,架空の町を設定してその町の活性化について考えさせる授業を単元の終末に位置づけていました。学生たちは,なぜこのような授業を構想したのでしょうか？ 一つには,学生たちの日常生活において地域社会の課題に向き合う機会がほとんどなく,自ら進んで地域社会の課題の解決に向けて取り組んだ経験もほとんどないという現実があるのではないでしょうか。もう一つには,現実社会の具体的な事例を基にして,「課題を追究したり,解決したりする活動」を授業の中に設定するイメージができなかったことが考えられます。つまり,これは,中央教育審議会において指摘されたように,学生たち自身が,小・中・高等学校の社会科,地理歴史科,公民科の授業において,「課題を追究したり,解決したりする活動を取り入れた授業を十分に行ってこなかった」結果でもあるといえるでしょう。この出来事をとおして,筆者は,「社会的な見方・考え方を働かせ,課題を追究したり解決したりする活動を通して」という文言がなぜ新たに加わったのか,腑に落ちたのです。

　現代社会に生きる私たちは,地域社会で生活していながらも,実のところ,その多くは,地域社会の課題に向き合っているわけではなく,地域社会の課題の解決に向けて取り組んでいるわけでもありません。それは,地域社会に限らず,私たちがくらす日本という国が抱える課題について,その多くは,真正面から向き合っているわけでもなく,課題の解決に向けて,直接行動したり,具体的な活動をしているわけでもないのです。さらにいえば,グローバル化する国際社会の問題についても,何となく問題があることはわかっていますが,その多くは,その

問題に真摯に向き合ったり、問題の解決に向けて十分に協力したり、直接関わって力を注いだりしているわけではありません。私たちの多くは、そのような問題に直接関わらなくても生きていける社会を現実に生きています。しかし、その一方で、そのような問題から決して逃げることも、全く関わらないで生きていくこともできないのです。

　それでは、グローバル化する国際社会に主体的に生きるためには、どうすればいいのでしょうか？　いろいろ必要なことは考えられますが、何よりもまず大切なのは、自主的に考えることではないでしょうか。では、自主的に考えるとはどういうことでしょうか？　アメリカの哲学者で、子どものための哲学を研究するマシュー・リップマン『探求の共同体』（2014, 玉川大学出版部）によると、自主的に考えることの出発点は、他の人のいっていることに耳を傾けることであるといいます。私たちは、他の人がいっていることにうまく反応することに注力しがちですが、それ以上に重要なのは、他の人のいっていることに耳を傾け、議論が進むにつれて生じるさまざまな思考の筋道を追っていけるようになることです。それでは、さまざまな思考の筋道を追うとはどういうことでしょうか？　それは、それぞれの発言の背後にある前提は何かをつかむことであったり、それぞれの発言から推論を引き出すことであったり、それぞれの発言に一貫性があるかどうか検証することであったりします。マシュー・リップマンは、自分の前提については自由に選びとることで、自主的に考えることができるようになるとしています。

　グローバル化する国際社会に主体的に生きるためには、自主的に考えることが必要であり、その出発点は、他の人のいっていることに耳を傾けることです。平成29年版学習指導要領では、「主体的・対話的で深い学び」が授業改善の方略として示されましたが、授業を対話的に行うのは、簡単そうで実は難しいことです。単なるおしゃべりではなく、対話が成立するためには、互いに聴き合うことが徹底的に尊重されなければなりません。話し合いの授業ではなく、聴き合いの授業を教師や子どもがどれだけ意識して行えるか、聴き合いの授業によって子どもの深い学びにどのようにつながっているかが問われてきます。しかし、これは、社会科の授業の中だけで意識化すれば身につくものではなく、普段の日常生活においても、他の人のいっていることに耳を傾けることに注力し、さまざまな思考の筋道を追うことを習慣化することで身につくものでしょう。学ぶことの本質とは、まさに、他の人のいっていることに耳を傾けることではないでしょうか。

　最後に、本書の執筆に快く協力して下さった先生方、明治図書出版の編集者である及川誠さんには、心より深く感謝申し上げます。最後までご尽力下さった及川誠さんのおかげさまで、本書を出版することができました。本当にありがとうございました。

真島　聖子

【執筆者一覧】（執筆順）

真島　聖子	愛知教育大学
阿部　哲久	広島大学附属中・高等学校
奥村　　仁	愛知教育大学附属岡崎中学校
佐藤　央隆	名古屋市立はとり中学校
安井　文一	岡崎市立連尺小学校
伊倉　　剛	愛知教育大学附属岡崎中学校
志賀　充規	みよし市立三好丘小学校
田村　徳至	信州大学総合人間科学系 准教授
岡田　了祐	お茶の水女子大学

【編著者紹介】
真島　聖子（まじま　きよこ）
韓国教員大学校専任講師，愛知県内小学校教諭を経て，国立大学法人愛知教育大学に勤務。小・中学校の社会科教育法，高等学校の公民科教育法の授業を担当。
財政・租税教育を中心に幅広く社会科教育・研究を行う。また，日韓の教育交流を推進する。

「見方・考え方」を育てる中学公民授業モデル

2019年9月初版第1刷刊　Ⓒ編著者　真　島　聖　子
　　　　　　　　　　　　　　発行者　藤　原　光　政
　　　　　　　　　　　　　　発行所　明治図書出版株式会社
　　　　　　　　　　　　　　　　　　http://www.meijitosho.co.jp
　　　　　　　　　　　　　　（企画）及川　誠（校正）杉浦佐和子
　　　　　　　　　　　　　　〒114-0023　東京都北区滝野川7-46-1
　　　　　　　　　　　　　　振替00160-5-151318　電話03(5907)6703
　　　　　　　　　　　　　　ご注文窓口　電話03(5907)6668
＊検印省略　　　　　　　　　組版所　長野印刷商工株式会社
本書の無断コピーは，著作権・出版権にふれます。ご注意ください。
Printed in Japan　　　　　　　ISBN978-4-18-325215-9
もれなくクーポンがもらえる！読者アンケートはこちらから→

中学地理「基礎基本」定着 面白パズル&テスト

得点力不足解消!

南畑 好伸 著

楽しく基礎基本定着!
中学地理わくわく面白
パズル&ワーク

子どもたちが大好きなパズル教材・ワークを面白い・楽しいだけで終わらない「基礎基本定着」をポイントとして具体化。問題を解くと見えてくる「キーワード」でポイントがおさえられる!中学地理の各単元のまとめとしても使える、面白パズル&テストが満載の必携の1冊。

B5判 136頁
本体 2,200円+税
図書番号 2849

社会科授業サポートBOOKS 「わかる」社会科授業をどう創るか

思考の流れ&教材研究にこだわる!
個性のある授業デザイン

木村博一 編著

どうすれば社会科授業を面白く、わかりやすく出来るのか。教材研究と子どもの思考にこだわり、一人一人の成長にこだわる「わかる」社会科授業について、そのポイントから教材づくりの視点、深い学びを実現する授業デザイン、指導展開例までをわかりやすくまとめました。

A5判 184頁
本体 1,900円+税
図書番号 3104

見方・考え方が楽しく身につく!河原流オモシロ授業の最新ネタ

100万人が受けたい! 見方・考え方を鍛える 中学社会 大人もハマる 授業ネタ

中学地理【A5判 152頁・本体価1800円+税 図書番号3712】
中学歴史【A5判 152頁・本体価1800円+税 図書番号3713】
中学公民【A5判 152頁・本体価1800円+税 図書番号3714】

100万人が受けたい!「社会科授業の達人」河原和之先生の最新授業ネタ。「江戸城に天守閣がないワケ」「なぜヨーロッパはパスタ・日本はうどん?」「からっ風って何?」「日本銀行は校長先生?」「スマホから見えるこんな世界」など、「見方・考え方」を鍛える斬新な切り口の教材を豊富に収録しました。子ども熱中間違いなしの魅力的な授業モデル集です。

明治図書　携帯・スマートフォンからは **明治図書ONLINE へ**　書籍の検索、注文ができます。▶▶▶

http://www.meijitosho.co.jp　*併記4桁の図書番号(英数字)でHP、携帯での検索・注文が簡単に行えます。

〒114-0023　東京都北区滝野川7-46-1　ご注文窓口　TEL 03-5907-6668　FAX 050-3156-2790